MW01536583

gutes leben
bene!

77mal
Zuversicht

Für ein Leben
voller Hoffnung

Rainer Haak

1. Die gemeinsame Wanderung

Ihre langen blonden Haare tanzten fröhlich im Wind. »Ich freue mich schon auf unsere gemeinsame Wanderung.«

Er setzte sich abwehrend auf die Bank. »Ich glaube nicht, dass unsere Wanderung eine gute Idee ist. Das Leben ist auch so schon schwer genug! Meine Füße tun jetzt schon weh!« Dabei sah er sie mit großen Augen traurig an.

Die Zuversicht setzte sich neben ihn. »Mein lieber Kummer, eine Wanderung würde uns beiden bestimmt guttun.« Sie sprang auf und tänzelte von einer Seite zur anderen. »Wandern ist fast so schön wie Tanzen«, rief sie in seine Richtung und hauchte ihm einen Kuss hinüber. Dann kam sie zurück und nahm seine Hand. Er sträubte sich für einen Moment, bevor er sie ergriff und aufstand. »Wenn das nur gut geht!«

Die Zuversicht strahlte wieder. »Lass uns losgehen! Und vielleicht gönnen wir uns ab und zu ein kleines Tänzchen!«

Der Kummer verzog kurz das Gesicht, dann folgte er ihr. »Eins muss ich ihr lassen«, flüsterte er kaum hörbar, »tanzen kann sie wunderbar!« Dabei lächelte er.

Die Zuversicht tat so, als hätte sie es nicht gehört, und drehte sich mehrmals um die eigene Achse.

2. Das lebendige Glück

[handschriftliche Notiz: für mich war (ist) es meine Frau Esther (H.ebert Wiebe - † 26.0/.2]

W as ist Glück? Für dich persönlich?« Als sie mir diese Frage stellte, musste ich kurz schlucken. Ich war darauf nicht vorbereitet. »Glück ist, äh, das ist ein großes Thema. Da muss ich erst einmal in Ruhe drüber nachdenken.«

Auf diese Weise hatte ich etwas Zeit gewonnen. Nach und nach fiel mir vieles ein. »Glück ist eine schöne Überraschung. Ein kostbares Geschenk. Ein Tag am Meer. Eine intensive Begegnung. Ein köstliches Essen, das ich mit allen Sinnen genieße. Die große Liebe.« Die Liste wurde immer länger.

Sie hakte nach. »Was ist Glück für dich? Kannst du das nicht kürzer sagen? Vielleicht in einem Satz oder sogar mit nur einem Wort?« *[handschriftlich: Esther]*

Damals musste ich passen. Aber die Frage setzte etwas in mir in Gang. Ich machte mir Gedanken über das Glück. Genauer gesagt: über mein Glück.

In der nächsten Zeit wurde mir deutlich, was ich nicht unter Glück verstehe: Zum Beispiel gemütlich im Sessel sitzen und Schokolade essen. Oder mit glänzenden Augen die neusten Kontoauszüge betrachten. Anderen beim Leben zuschauen. Von Abenteuern träumen, statt Abenteuer zu erleben.

Dann dauerte es nicht mehr lange, bis ich meine Antwort wusste: »Glück ist das Gefühl, lebendig zu sein.«

Lebendigkeit – dabei denke ich an den Augenblick, in dem ich vom Sessel aufstehe, eine warme Jacke anziehe und hinausstapfe in den Sturm. Ich lasse mich durchpusten, atme tief ein und aus und bin glücklich.

Mir fällt der Schmetterling ein, der mich im Sommer so faszinierte. Er war hellblau, tanzte in der Sonne – und ich vergaß alles um mich herum. Ich lief hinterher, tanzte ebenfalls und war glücklich.

Oder das Gefühl am Ende einer langen, anstrengenden Wanderung: Ich spüre, wie meine Füße und Muskeln schmerzen. Ich höre, wie mein Herz schlägt. Ich bin stolz und lebendig.

Als ich mein Glück erkannt hatte, stand der Entschluss fest: Ich werde regelmäßig das Leben feiern und mich freuen, dass ich lebendig bin.

Wo bleibt dann Jesus Christus der wirkliche Freudenmeister

Hat der Autor, Rainer Haak? zu einer Zeit auch Freude an Gott, bzw. an Jesus Christus erlebt? (!)

3. Siehst du die Sterne?

Ich liebe es, zu den Sternen emporzublicken und andächtig zu bewundern, wie sie leuchten und funkeln. Das gilt für die Sterne oben am Himmel ebenso wie für die »Sterne« hier auf der Erde.

Doch nicht alle Sterne leuchten auf die gleiche Weise. Nicht alle Sterne sind gleich hell.

Ich werde immer jemanden finden, der glücklicher ist, als ich es bin. Oder der wenigstens so tut, als wäre er glücklicher.

Ich werde immer jemanden finden, der schöner ist als ich. Auch wenn wir alle wissen, dass sich Schönheitsideale verändern.

Ich werde immer jemanden finden, der klüger redet und gebildeter ist als ich. Auch wenn Klugheit und Bildung keine Garantie für ein gelingendes Leben sind.

Ich werde immer jemanden finden, der bei jeder Gelegenheit sofort im Mittelpunkt steht. Vielleicht braucht er dieses Gefühl so wie die Luft zum Atmen.

Ich werde immer jemanden finden, der mich in den Schatten stellt. Doch es liegt an mir, ob ich in seinem Schatten stehen bleibe.

*warum denn
nicht Gott.*

Die wichtigste Aufgabe meines Lebens ist, mich selbst
zu finden und daran zu glauben, dass ich ein Stern
bin, der leuchtet und funkelt – auf seine eigene, ein-
malige, wunderbare Weise.

4. Vertraust du mir?

Hans war ein junger Tischler, der in einem kleinen Dorf nahe den Bergen lebte. Er liebte es, Holz zu bearbeiten und daraus kleine Kunstwerke zu gestalten. Er baute Fenster und Türen, Betten und Tische. Aber am liebsten baute er Spielsachen für Kinder – seine Schaukelpferde waren die schönsten weit und breit.

Hans lernte eine junge Frau aus dem Nachbardorf kennen. Sie heirateten und bekamen vier Kinder. Eigentlich konnte er sehr zufrieden mit seinem Leben sein.

Eines Tages kam ein Fremder in das Dorf. Er trug vornehme Kleidung und fuhr in einer prächtigen Kutsche vor. Er kam zu Hans und sagte: »Ein Rad meiner Kutsche ist beschädigt. So ist eine Weiterfahrt leider unmöglich. Kannst du das Rad reparieren?«

Hans freute sich über den ungewöhnlichen Auftrag. »Aber gern! Es wird jedoch mindestens zwei Tage dauern.«

So blieb der Fremde im Dorf und sah Hans aufmerksam bei der Arbeit zu. »Du bist außergewöhnlich geschickt. Schade, dass du in diesem abgelegenen Dorf lebst! Hier wirst du nie zu Ruhm und Wohlstand kommen. Willst du nicht hinausziehen und dein Glück suchen?«

In den nächsten Wochen dachte Hans oft über die Worte des geheimnisvollen Fremden nach. Er wurde immer unzufriedener. »Bestimmt ist der Fremde sehr wohlhabend. Er ist erfolgreich und angesehen. Das muss ein herrliches Leben sein.«

Eines Tages verabschiedete sich Hans von seiner Familie. »Ich will mein Glück finden. Wenn ich reich und angesehen bin, hole ich euch zu mir.« Seine Familie blieb traurig zurück.

Er machte sich zu Fuß auf den Weg. Nach einer langen, anstrengenden Wanderung kam er durch einen großen Wald. Müde setzte er sich an den Wegrand. Er fühlte sich einsam und hilflos.

Plötzlich stand eine wunderschöne Frau neben ihm. Sie war ganz in Schwarz gekleidet und hatte hell leuchtende Augen. »Du willst dein Glück machen und reich werden? Ich kann dir helfen. Ich bin eine Fee. Vertraust du mir?«

Hans blickte erfreut zu der Fee und sagte sofort: »Ja!« Im selben Augenblick kam eine glänzend schwarze Kutsche mit vier schwarzen Pferden vorgefahren. Die Fee stieg ein und winkte ihm einladend zu. Er stieg ebenfalls ein und setzte sich aufgeregt neben sie. Los ging die Fahrt!

Bald war Hans tief und fest eingeschlafen. Als er schließlich wieder aufwachte, hatte er keine Vorstellung davon, wie lange die Fahrt gedauert hatte. Sie

standen vor dem Eingang zu einer dunklen Höhle. »Das ist ein Bergwerk, in dem du viel Gold finden kannst. Du musst nur fleißig danach suchen. Und alles Gold, das du findest, gehört dir so lange, wie du hierbleibst.«

Hans freute sich und baute sich am Eingang der Höhle eine einfache, kleine Hütte. Jeden Tag ging er in das Bergwerk, arbeitete stundenlang im Fels und hoffte, Gold zu finden. Eines Tages war es endlich so weit: Ein kleines Stück Gold war im Fels. Sein Jubel kannte keine Grenzen. Jetzt arbeitete er noch mehr und ging immer tiefer in die Höhle hinein. Bald fand er ein noch größeres Stück Gold und ein noch größeres. Er befand sich mitten in einem »Goldrausch«.

Nach einiger Zeit kam die Fee zu Besuch. Stolz zeigte er seine Schätze. »Oh, du hast ja schon viel Glück gehabt.«

»Und das alles gehört mir«, sagte er grinsend.

Sie blickte ihn wie aus weiter Ferne an. »Das alles gehört dir. Aber nur, wenn du hier im Bergwerk bleibst. Falls du eines Tages weiterziehen willst, kannst du deine Schätze nicht mitnehmen.«

In der nächsten Zeit dachte Hans viel über sein Leben nach. »Was soll ich hierbleiben, wenn ich nur arbeite und ganz allein bin? Was nützen mir all meine

Schätze?« Seine Arbeit im Bergwerk war zwar weiterhin sehr erfolgreich. Am Eingang stapelte sich ein großer Haufen Gold. Doch es ging ihm dabei nicht gut. Immer häufiger wurde er krank. Ihm wurde deutlich, wie unglücklich er war.

So entschloss er sich weiterzuziehen. Heimlich steckte er sich einige Klumpen Gold in die Taschen, lud einiges auf seinen Rücken und wanderte los. Nach vielen Stunden kam er in einen dunklen Wald. Er war müde von der Wanderung und dem schweren Gepäck. Erschöpft schlief er ein. Als er am nächsten Morgen aufwachte, war sein Gold verschwunden. In der Ferne hörte er ein wildes, unheimliches Johlen.

Hans wanderte weiter. Er war traurig und verzweifelt. Plötzlich stand eine wunderschöne Frau in einem goldenen Gewand vor ihm. »Ich bin eine Fee und will dir helfen. Wenn du auf mich hörst, wirst du angesehen und glücklich sein. Vertraust du mir?«

Er überlegte. Konnte er nach dem, was er erlebt hatte, noch vertrauen? Doch die Aussicht darauf, das Glück zu finden, war größer als seine Vorbehalte. »Ja, ich vertraue dir.«

Genau in diesem Augenblick fuhr eine leuchtend goldene Kutsche mit acht weißen Pferden vor. Die Fee stieg ein. »Komm, setz dich neben mich!« Auch diesmal schlief er nach kurzer Zeit ein.

Als er wieder aufwachte, war die Kutsche am Hof eines Königs angekommen. Die Fee lächelte geheimnisvoll. »Hier wird ein tüchtiger Handwerker für die königliche Werkstatt gebraucht. Wenn du fleißig bist und am Hof bleibst, kannst du dich nach oben arbeiten und erfolgreich und angesehen sein.«

Hans stellte sich in der Werkstatt vor. »Bau einen Tisch für die Königin. Wenn es dir gelingt, darfst du im Schloss arbeiten«, sagte der königliche Handwerksmeister.

Hans machte sich gleich an die Arbeit. Es wurde ein prächtiger Tisch, der von allen gelobt wurde, sogar vom König persönlich.

Bald wurde Hans mit den schwierigsten Aufgaben betraut. Er reparierte das Dach, die Zugbrücke und vieles mehr.

»Ich bin sehr zufrieden mit dir«, sagte der König eines Tages. »Solange du auf dem Schloss bleibst und die Aufträge zu meiner Zufriedenheit erfüllst, soll es dir an nichts fehlen. Du wirst eines Tages Oberhoftischler heißen.«

Hans arbeitete fleißig, um dem König zu gefallen. Doch die Arbeit wurde immer mehr. »Ich arbeite bis spät in die Nacht. Ich kann gar nicht mehr selbst entscheiden, was ich baue. Was hilft mir der königliche Titel? Ich bin hier allein unter lauter Fremden und habe schon lange kein Schaukelpferd mehr gebaut.«

Eines Nachts verließ er heimlich das Schloss. Ver-

zweifelt und ohne Illusionen machte er sich auf den Weg, ohne zu wissen, wohin.

Nach ein paar Tagen traf er eine einfach gekleidete Frau. Sie lächelte ihn fröhlich an. »Du bist immer noch auf der Suche nach dem Glück?«

Er fragte sich irritiert, woher sie ihn kannte. Dann schüttelte er den Kopf. »Nein, nicht mehr. Es hat alles keinen Sinn.«

Sie lächelte noch mehr. »Du magst es immer noch gern, mit Holz zu arbeiten?«

»O ja!«, sagte er und lächelte nun ebenfalls. »Wer bist du?«, fragte er neugierig.

»Ich bin eine Fee«, antwortete sie freundlich.

Hans blickte sich um, weil er jeden Augenblick mit dem Eintreffen einer prächtigen Kutsche rechnete. Doch er sah nur die einfach gekleidete Frau.

»Willst du mich begleiten?«, fragte sie ihn. »Ich glaube, du wirst dein Glück doch noch finden. Vertraust du mir?«

Hans antwortete nicht. Aber er schloss sich der seltsamen Frau an. Was hatte er schon zu verlieren? »Ob sie wirklich eine Fee ist?«, fragte er sich still.

Bald stellte er erstaunt fest, dass sie in die Richtung gingen, in der sich sein Heimatdorf befand. Seine Augen begannen zu leuchten. Er ging schneller, und die Frau musste sich anstrengen, um ihm zu folgen.

»Was wirst du tun?«, fragte sie.

Hans strahlte sie an. »Ich werde bei meiner Familie sein und wunderbare Dinge bauen. Bestimmt auch wieder ein Schaukelpferd.«

»Vertraust du dir?«, fragte sie.

»O ja, das tue ich. Es wird alles gut werden.«

In dem Augenblick war die Fee verschwunden. Die letzten Stunden auf dem Weg nach Hause vergingen wie im Flug – auch ohne Kutsche.

5. Was für ein Spaß!

Die gesunde Entwicklung eines Kindes ist ohne Spaß unmöglich. Erinnern Sie sich noch? Damals wussten wir sehr genau, was wir gern taten. Wir gingen jeden Sommer im Badeteich schwimmen und waren schon auf dem Weg dorthin voller Vorfreude; wir liebten die alte Burg auf dem Berg; spielten stundenlang mit den Nachbarskindern im Park; machten allerlei Streiche, über die die Erwachsenen schimpften oder lächelnd den Kopf schüttelten; beschäftigten uns begeistert mit kniffligen Aufgaben, bis wir die Lösung gefunden hatten, und lasen abends im Bett heimlich mit einer Taschenlampe aufregende Abenteuerbücher. Was für ein Spaß!

Irgendwann auf unserem Lebensweg, bei einigen früher, bei anderen später, ging uns dieser Spaß verloren. Auch richtige Freude erlebten wir nur noch selten. Im Gegenteil, wir taten immer häufiger Dinge, die uns überhaupt keinen Spaß machten: Wir arbeiteten verbissen, um voranzukommen und mehr Geld zu verdienen. Wir redeten klug, um anderen zu imponieren. Wir gingen aus, um uns abzulenken. Wir setzten uns vor den Fernseher und sahen zu, wie andere uns Leben vorspielten, statt selbst kreativ und lebendig zu

sein. Und allzu häufig redeten wir vom Spaß und von der Freude am Leben, aber meinten in Wirklichkeit unsere Angst oder unsere Sorgen oder unsere Bequemlichkeit.

Vielleicht ist die Zeit gekommen, uns zu fragen: Wissen wir überhaupt noch, was uns wirklich Spaß macht? Können wir uns einer Sache begeistert hingeben? Können wir uns noch über etwas von Herzen freuen? Können wir noch völlig im Augenblick leben, ohne an morgen und übermorgen zu denken?

Erinnern Sie sich noch daran, wie Ihnen jemand das letzte Mal gesagt hat: »Deine Augen leuchten ja richtig!«, »Du kannst ja lachen!«, oder: »So begeistert habe ich dich noch nie erlebt!« War das womöglich ein Hinweis darauf, dass Ihr inneres Kind immer noch ausgelassen, fröhlich und begeistert sein kann? Darauf, dass es etwas gibt, das Ihnen einfach nur Spaß macht?

Vielleicht finden Sie heraus, wie Sie Ihren Dispositionskredit und den kaputten Geschirrspüler einfach mal vergessen können und – Spaß haben und glücklich sind! Ohne solche fröhlichen, unbeschwerten Augenblicke werden Stress und Druck alles andere in Ihrem Leben überschatten.

Zuversicht hat einige sehr lebendige, fröhliche Begleiter. Sie heißen Lachen und Humor, Spaß und Freude.

6. Nur dieser Tag

Du denkst an die vielen Aufgaben,
die gerade vor dir liegen.
Und du fragst dich:
»Woher soll ich die Kraft nehmen
für die schweren Wege
und all die Hindernisse,
die auf mich warten?«
Du malst dir alles immer wieder aus
und bist kurz davor zu resignieren.
Deine Kraft ist doch so klein.

Da kommt dir ein wunderbarer Gedanke:
Die Kraft reicht für heute,
genau für einen Tag,
für diese besondere Aufgabe
und für diesen Augenblick.
Du denkst jetzt nicht an morgen
und an all die Herausforderungen,
die noch vor dir liegen.
Nur dieser eine Tag –
und immer wieder heute!

7. Himmel und Erde

Hier lebe ich – irgendwo am Rande des Weltalls auf einem kleinen Planeten, der Erde genannt wird. Hier bin ich auf Lebenszeit zu Hause. Hier habe ich mich eingerichtet und meine Aufgaben gefunden. Hier versuche ich, meine Probleme zu lösen und Herausforderungen zu überwinden. Hier kämpfe ich um meinen Platz und manchmal auch ums Überleben.

Hier lebe ich – irgendwo am Rande des Weltalls auf einem kleinen Planeten, der Erde genannt wird. Hier schaue ich manchmal zum Himmel und spüre die Sehnsucht in meinem Herzen, Flügel zu haben und einfach loszufliegen. Ich schaue nach oben, weil ich Liebe brauche und Freude, besonders dann, wenn ich innerlich leer bin. Ich brauche Hoffnung, wenn ich keinen Ausweg sehe.

Hier lebe ich – irgendwo am Rande des Weltalls auf einem kleinen Planeten, der Erde genannt wird. Hier begegne ich dem Himmel. Ich begegne ihm, wenn ich vor lauter Glück alles andere um mich herum vergesse. Wenn ich Musik höre, den Klang des Himmels, und völlig von ihr ergriffen bin. Wenn ich staunend die Wunder und die Schönheit der Schöpfung be-

trachte. Wenn ich mir von meiner Seele wunderbare Träume schenken lasse. Wenn ich ein kurzes Gebet zum Himmel schicke, dem Ort meiner Sehnsucht. Wenn ich mich von der Poesie verzaubern lasse, als hätte ich Zugang zu einer anderen Welt. Wenn ich die befreiende Kraft der Liebe erfahre, der größten aller Himmelsgaben.

8. Mehr als Selbstvertrauen

Wenn ich ein Musikinstrument erlernen will, Gitarre, Klavier, Cello oder Saxofon, dann brauche ich Vertrauen in meine Möglichkeiten und Fähigkeiten. Ob das reicht? Wohl kaum! Ich brauche zusätzlich viel Fleiß und ein großes Durchhaltevermögen – gerade dann, wenn ich mal keine Lust zum Üben habe, wenn ich von anderen Dingen begeistert bin oder wenn ich abwertende Kommentare über meine »Kunst« höre.

Wenn ich eine neue Sprache erlernen will, wenn ich mich für ein Handwerk oder ein Studium entschieden habe, dann brauche ich Vertrauen in meine Möglichkeiten und Fähigkeiten. Ob das reicht? Wohl kaum! Ich brauche zusätzlich viel Fleiß und ein großes Durchhaltevermögen – gerade dann, wenn mir andere Dinge einmal wichtiger sind.

Wenn ich abnehmen, meine Fitness verbessern oder einen »traumhaften« Garten anlegen will, brauche ich Vertrauen in meine Möglichkeiten und Fähigkeiten. Ob das reicht? Wohl kaum! Ich brauche zusätzlich viel Fleiß und ein großes Durchhaltevermögen – gerade dann, wenn es so aussieht, als hätten sich alle Ver-

lockungen und Ablenkungen dieser Welt gegen mich verbündet.

Darum bitte ich euch, meine lieben Freunde, dass ihr eure guten Wünsche genau bedenkt. »Lass es dir gut gehen!«, »Lass die Seele baumeln!« oder »Viele gemütliche Stunden für dich!« – das ist nicht immer das, was ich brauche.

Es gibt Zeiten, in denen ich etwas völlig anderes benötige. Dann sehne ich mich nach »Halte durch!«, »Gib nicht auf!« oder »Du schaffst es!«.

9. Warten auf den Frühling

In jenem Jahr dehnte sich die dunkle Jahreszeit besonders lange aus. Die Sonne war ein viel zu seltener Gast geworden, und spätestens im Februar zeigte sich deutlich, dass wir des Winters überdrüssig waren. »Jetzt ist wirklich genug!«, sagten die Menschen mürrisch, wenn sie sich trafen. »Hoffentlich kommt bald der Frühling!« Einige fragten sogar sarkastisch: »Ob der Winter überhaupt noch ein Ende nimmt?«

Die Natur hat ihren eigenen Rhythmus. Sie lässt sich Zeit für den Wechsel der Jahreszeiten, manchmal mehr, manchmal weniger. Viele von uns haben die Erfahrung gemacht, dass es guttut, diesen Rhythmus zu akzeptieren.

Das gilt auch für das eigene Leben. Im Winter ist Brachzeit, Zeit zum Ruhen, zum Luftholen, vielleicht für eine Lebensinventur, aber auch Zeit zur Vorbereitung und Planung dessen, was kommen wird.

Wie ging es weiter in diesem Jahr nach dem langen, dunklen Winter? Natürlich – irgendwann wurde es endlich ein wenig heller und wärmer. Nach der intensiven Durststrecke riefen schon die kleinsten Vorboten des Frühlings ein unbeschreibliches Glücks-

gefühl hervor: »Siehst du die Blumen dort auf dem Rasen?« Schneeglöckchen und kleine Nester von Krokussen – wir konnten uns nicht sattsehen. Sie sagten uns, dass die Zeit bald kommen wird, in der wir wieder Sonne tanken können, in der wir durch den Park laufen und im Garten Kaffee trinken werden.

10. Geschenkte Zeit

Als er aus der Reha entlassen wurde, sah eigentlich alles gut aus: Er würde wieder gesund werden, ohne dauerhafte Einschränkungen. Auch die Schmerzen waren endlich abgeklungen. Lauter gute Nachrichten!

Doch in seinen Augen stand ihm die schlimmste Zeit noch bevor: Er würde nun mehrere Wochen daheimbleiben müssen. Nicht zur Arbeit gehen, keine Ausflüge – nur zu Hause sitzen! Was für eine schreckliche Vorstellung! Dabei war sein Kopf doch völlig in Ordnung und schon wieder hellwach.

In den ersten Tagen beklagte er sein Schicksal. Er las die Zeitung von vorne bis hinten und sah zwischendurch sehnsüchtig aus dem Fenster. Der Frühling sandte bereits seine Vorboten. Die Sonne schien. Wie gern wäre er jetzt draußen unterwegs.

Am vierten Tag fiel ihm seine »Story« ein. So nannte er für sich das große Projekt, bei dem er die Geschichte seiner Familie – von den Urgroßeltern bis heute – aufschreiben wollte. »Das mache ich irgendwann, wenn ich mal Zeit habe«, so hatte er immer erzählt. Seit Jahren hatte er dafür Unterlagen und Material gesammelt.

Nun wurde ihm deutlich: *Jetzt habe ich ja Zeit.* Statt Wirtschaftsnachrichten und »Neues aus der Region« zu lesen und seine Situation zu beklagen, stand für ihn plötzlich fest: »Ich mache es. Wenn nicht jetzt, wann dann?«

So entstand in den nächsten Wochen nach und nach seine Familienchronik. Seine Frau und die Kinder lasen an jedem Abend die fertigen Zeilen, machten Verbesserungsvorschläge – und waren begeistert von den spannenden Geschichten.

Als er endlich wieder rausgehen durfte, war der Frühling längst eingezogen. Er freute sich über die neuen Möglichkeiten, und besonders freute er sich, als seine Ärztin zu ihm sagte: »Noch eine Woche, dann können Sie wieder zur Arbeit gehen.«

»Wie schön! Das war eine lange Zeit!«

Als er die Praxis verließ, dachte er bei sich: »Eine lange, aber auch eine geschenkte Zeit!«

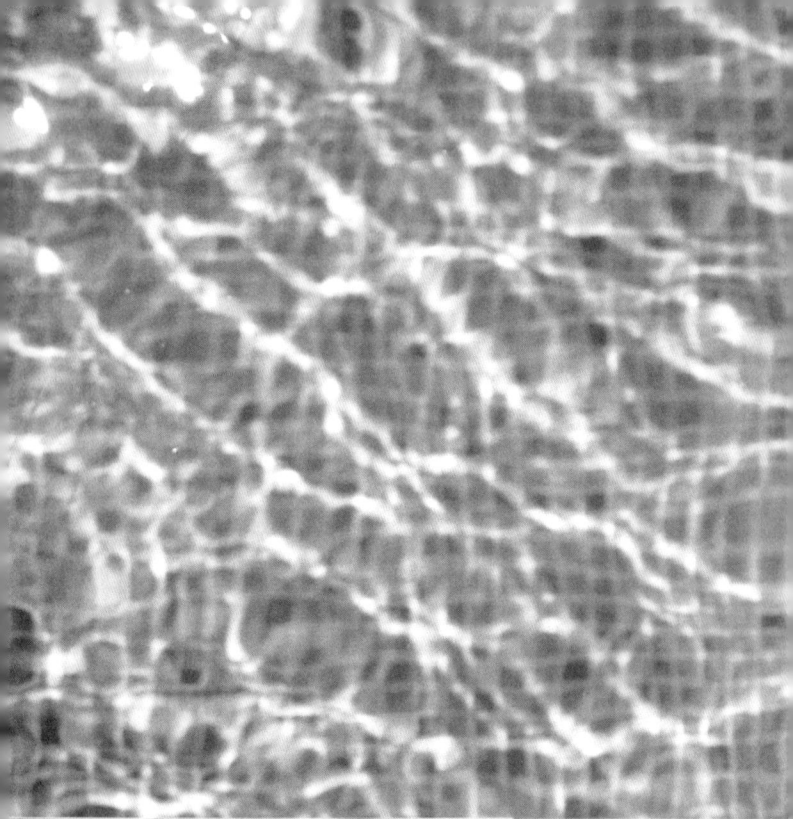

11. Warte nicht zu lange!

Ich wünsche dir, dass du nicht zu lange darauf wartest, vom Sprungbrett hinein ins bunte Leben zu springen. Du weißt, dass du nicht untergehen, sondern lachend und prustend oben bleiben wirst.

Genieße heute, was du nur heute genießen kannst.

Lache und freue dich, dass du Humor hast.

Liebe und spüre dabei, wie wunderbar es ist, vom Leben geliebt zu werden.

Rede über alles, was dich bewegt.

Höre zu, wenn andere dir vertrauensvoll ihr Herz öffnen.

Schau in die Sterne und wundere dich, wie klein du bist – und wie groß!

Umarme die Menschen, die du liebst, und genieße ihre Nähe.

Breite deine Flügel weit aus und staune, wie frei und leicht du bist.

Trau dich, heute das zu tun, was du schon immer einmal tun wolltest.

Öffne deine Arme, blicke erwartungsvoll empor und lass dich vom Himmel beschenken.

12. Auf gute Nachbarschaft!

Samuel kramte den Schlüssel aus seiner Hosentasche. Er stand vor Nummer 35, einem älteren Einfamilienhaus in einer ruhigen Seitenstraße. Feierlich schloss er die Haustür auf und ging hinein. »Das wird meine erste Nacht in unserem neuen Haus!«, murmelte er. Noch war alles leer. Die Handwerker hatten das Haus in den letzten Wochen renoviert. Bald würde der Wagen mit einem Teil der Möbel kommen. Nächste Woche sollte der Rest folgen und endlich auch seine Frau mit den Kindern. Ihr gemeinsamer Traum würde wahr werden.

Es klingelte. Samuel ging zur Tür und öffnete. Draußen stand eine ältere Frau. »Guten Tag, ich bin Frau Fischer. Ich wohne zwei Häuser weiter in Nummer 39. Herzlich willkommen und auf gute Nachbarschaft!«

Er freute sich über den Besuch und bat sie herein. »Die Möbel sind noch nicht da, leider. Nur die Küche ist schon eingerichtet.« Frau Fischer schaute sich interessiert die Räume an. »O wie schön! Sie sind in eine angenehme Gegend gezogen. Es wird Ihnen hier gefallen. Wenn da nur nicht …«, sie machte eine Pause, die ihr wichtig zu sein schien, »… wenn da nur nicht die Probleme mit dem Nachbarn in Nummer 37 wären. Aber das wissen Sie sicher schon!«

Samuel schüttelte den Kopf.

Frau Fischer blickte ihn mitleidig an.

»Sie wissen nicht, dass es Krieg gab zwischen Nummer 35 und Nummer 37? Aber ich hoffe, Sie lassen sich nicht einschüchtern von dem Nachbarn. Er ist ein unglücklicher Junggeselle und meckert ständig.«

Samuel stand da wie ein begossener Pudel. Doch zum Glück hatte er sich schnell wieder erholt. »Ich komme mit fast jedem klar. Ich bin ein Optimist und glaube an das Gute im Menschen. Machen Sie sich keine Sorgen um uns.«

Als eine halbe Stunde später die ersten Möbel ins Haus getragen wurden, musste er immer noch an den Besuch von Frau Fischer denken. Er lächelte. »Ich lass mich doch nicht verrückt machen! Wer aufgibt, hat schon verloren. Ich freue mich auf alle Nachbarn hier.«

Zwei Stunden später fuhr der Umzugswagen wieder weg. »Geschafft!«, sagte Samuel erleichtert. »Es hat alles gut geklappt!« Er zog sich eine Jacke über, um etwas frische Luft zu schnappen. Um die Ecke in der Hauptstraße blieb er stehen: »Café« stand dort einladend auf einem Schild.

Kurz darauf saß er an einem kleinen Tisch und stellte fest, dass der Kaffee großartig schmeckte. Die junge Frau hinter dem Tresen zwinkerte ihm zu. »Das ist für viele hier in der Gegend eine Art zweites Wohnzimmer«, erzählte sie begeistert.

Er atmete tief durch. »Ich freue mich sehr, dass wir jetzt hier wohnen«, sagte er und lächelte.

Am Nachbartisch saß ein Mann, der Zeitung las. Als er mitbekam, dass Samuel frisch zugezogen war, legte er seinen Lesestoff zur Seite. »Hier kann man gut leben. Kommen Sie von weit her?«

Bald waren sie im Gespräch vertieft. Sie entdeckten viele Gemeinsamkeiten – ihre Liebe zu Frankreich, ihren Musikgeschmack und ihre Art von Humor.

Als Samuel aufstand, hatte er das Gefühl, einen ersten Freund in der neuen Stadt gefunden zu haben. »Ich heiße Samuel. Wir wohnen um die Ecke in Nummer 35.«

Der Mann am Nachbartisch winkte ihm zu, als Samuel zur Tür ging. »Auf gute Nachbarschaft, Samuel! Ich wohne gleich nebenan in Nummer 37!«

13. Warum?

Immer wieder zog es Sophie in die Straße mit den bunt bemalten Häusern und den lustigen Menschen.

»Hallo, Sophie!«, rief Nadja mit den lila Haaren und winkte ihr zu. »Warum bist du hier?«

»Warum bist du so fröhlich?«, fragte der alte, bärtige Parkwächter und lächelte sie mit seinen Stummelzähnen an.

»Warum kommst du immer wieder her?«, fragte Klara und bewegte ihre alten Beine so kunstvoll, dass ihr viel zu großes Kleid lustig herumwirbelte.

Sophie blieb kurz stehen. »Warum?«, wiederholte sie. »Euretwegen bin ich hier! Euretwegen habe ich gute Laune, und euretwegen komme ich immer wieder!«

14. Neu anfangen

Ich könnte den Kopf senken.
Doch ich blicke zum Himmel empor.
Ich könnte nach dem Fall liegen bleiben.
Doch ich stehe wieder auf.
Ich könnte mich resigniert zurückziehen.
Doch ich bin immer noch verliebt ins Leben.
Ich könnte einfach aufgeben.
Doch ich gehe mutig weiter.
Ich könnte mich mit der Dunkelheit abfinden.
Doch ich strecke mich der Sonne entgegen.
Ich könnte meine Niederlage beweinen.
Doch ich fange neu an.
Ich könnte an der Vergangenheit festhalten.
Doch ich blicke voller Hoffnung in die Zukunft.

Ich könnte dem Leben zuschauen.
Doch ich spiele lieber mit.

15. Die geheimnisvolle Galerie

Darf ich Ihnen meine kleine Galerie vorstellen? Dort sind meine schönsten Bilder, Fotos, Sprüche, Farben und Formen zu sehen. Ich liebe meine Galerie. Und manchmal brauche ich den Besuch dort dringend.

Es gibt einen besonderen Bereich darin für meine Freunde. Sie sind dort mit und ohne Rahmen ausgestellt. Ich lasse mir viel Zeit und betrachte jedes Bild in Ruhe. Was mir besonders gut gefällt, ist, dass ich mich so sehr auf sie verlassen kann. Ich vertraue ihnen. Ich fühle mich in ihrer Nähe wohl. Zu einem Rundgang in der Galerie gehört immer auch ein Besuch bei meinen guten Freunden.

Eine große Wand ist für all die Bilder reserviert, die mich an die vielen positiven Erfahrungen in meinem Leben erinnern. Wenn ich ängstlich und voller Zweifel an die Zukunft denke, fühle ich mich hier schnell ermutigt und bekomme wieder neue Hoffnung. Ich liebe das Foto von der Waldandacht, von dem bunten Fest auf dem Marktplatz und von dem Aussichtspunkt oben auf der Burg, von dem aus man bis in die Vogesen blicken kann. Ach ja, dann ist da noch das Bild,

das mich an die »große Katastrophe« erinnert, die dann doch noch glimpflich endete.

In einem Extraraum ist unterschiedliche Schriftkunst ausgestellt. Dabei geht es gar nicht so sehr um die Kunst, sondern um die Texte. Immer wieder betrachte ich etwa dieses Exponat: »Ich bin nicht nur Zuschauer des Lebens. Ich spiele selbst mit.«

Kürzlich blieb ich lange vor einer Neuerwerbung stehen: »Statt über eine Welt ohne Blumen zu klagen, will ich lieber selbst welche pflanzen.« Sofort fielen mir einige meiner schönsten Pflanzaktionen ein.

Leider kann ich Sie nicht mitnehmen in meine kleine Galerie. Ich allein habe den Zugangscode. Nur ich darf sie betreten. Aber Sie haben schon gemerkt: Ich erzähle gern von ihr. Ich besuche sie regelmäßig und lasse mir dort neue Lebensfreude und Zuversicht schenken.

Schön, dass Sie mir zugehört haben. Wenn wir uns einmal persönlich begegnen – vielleicht erzählen Sie mir dann von Ihrer Galerie? Den Zugangscode kennen Sie sicher …

16. Die lieben Kleinen

Sie trafen sich zufällig in der Fußgängerzone.

»Andy, du? Das gibt's doch nicht!«

»Michael! So eine Überraschung!«

Seit vielen Jahren hatten sie nichts mehr voneinander gehört. Dabei waren sie früher einmal gut befreundet gewesen, wegen der Kinder, die zusammen in die Schule gegangen waren. So kamen sie nach einem kurzen »Wie geht es dir?« schnell auf die »lieben Kleinen« zu sprechen.

Andy erzählte von seiner Tochter. Sie war inzwischen eine junge Frau von 23 Jahren. »Sie hat sich mal fast ein Jahr lang kaum auf die Straße getraut. War psychisch echt labil. Wir haben uns damals große Sorgen um sie gemacht. Aber nun hat sie sich wieder gefangen und genießt ihr Leben. Wir sind so froh.«

Michael hörte aufmerksam zu und nickte heftig. »Es tut richtig gut, dass du so offen über die schweren Zeiten mit eurer Tochter sprichst. Die meisten Eltern tun so, als gäbe es bei ihnen nie Probleme. Sie haben natürlich nur erfolgreiche, kluge Kinder. Du machst mir richtig Mut, auch von uns ehrlich zu erzählen. Manchmal dachte ich, wir verlieren Tom. Er ging lange nur auf Konfrontationskurs.«

Andy staunte über das, was Michael zu erzählen hatte. »Dabei schien er früher so ein ausgeglichener Junge zu sein. Schön, dass er trotzdem die Kurve gekriegt hat!«

»Grüß deine Frau bitte«, sagte Andy zum Abschied. »Wir Alten«, dabei lächelte er, »wir sollten uns mal wieder treffen. Aber ohne Kinder …«

17. Leicht und beschwingt

Manchmal gelingt es mir, über mich und meine Sorgen zu lachen. Dann mache ich mich über meine schweren Gedanken lustig. Immer wieder erlebe ich, wie gut das tut. Solches Lachen kann meiner Seele tatsächlich Flügel verleihen.

Manchmal stelle ich mir vor, ich wäre ein bunter Schmetterling und könnte von einer Blume zur anderen fliegen. Mir begegnen lila Hunde und grüne Menschen, rote Vögel und blaue Elefanten. Ich stelle mir vor, ganz leicht zu sein. Und wirklich, es gelingt. Ich fühle mich leicht und beschwingt und natürlich ein wenig »verrückt«.

Manchmal beginne ich zu tanzen, einfach so. Ich springe in die Luft, drehe mich im Kreis und winke fröhlich in alle Richtungen. Meistens traue ich mich das nur dann, wenn mich niemand sieht. Aber warum nicht auch, wenn andere zusehen? Vielleicht lassen sie sich sogar von mir anstecken und machen begeistert mit!

Manchmal gelingt es mir, über mich und meine Sorgen zu lachen. Ich mutiere zum Schmetterling. Ich beginne zu tanzen und springe übermütig in die Luft. Meine Probleme werden dadurch nicht kleiner. Aber ich fühle mich ihnen nicht mehr ausgeliefert. Ich blicke zuversichtlich nach vorn – und lächle dabei.

18. Die geheimnisvolle Medizin

Liebe Emma,

als vor zwei Wochen Deine Einladung zum Geburtstag bei mir eintraf, habe ich erst einmal laut gejubelt. Dann sah ich die Tabletten neben meinem Bett, und die Wirklichkeit hatte mich wieder. Ich dachte enttäuscht: Wie schade! Bis dahin bin ich bestimmt noch nicht wieder gesund!
Doch Du hast mir auf so liebe Weise Mut gemacht. Du hast geschrieben, wie viel ich Dir bedeute und wie sehr Du Dich über meinen Besuch freuen würdest.
Jetzt kommt es mir fast so vor, als hättest Du mit Deinem Brief zugleich eine geheimnisvolle Medizin geschickt. Stell Dir vor: Ich kann schon wieder aufstehen! Und meine Ärztin hat gesagt, dass mir die Reise zu Dir guttun würde.
Noch einmal herzlichen Dank für alles. Ich spüre, wie wichtig die Vorfreude sein kann. Wir sehen uns an Deinem Geburtstag. Das wird für uns beide ein besonderes Fest.

In Freundschaft
Barbara

19. Weitsichtig

An ihrem achten Geburtstag war es erst einmal nur ein Gutschein gewesen: »Eine Woche am Meer mit Opa.« Zum Glück vergingen die Wochen wie im Flug.

Endlich war es so weit! Vorhin waren sie in der kleinen Ferienwohnung angekommen und gingen jetzt zum ersten Mal am Strand entlang. »Opa, das ist so schön hier. Und es riecht so besonders.«

Opa nickte fröhlich. »Ich liebe den Geruch von Salzwasser und die frische Brise hier. Komm, lass uns dort zur Bank gehen! Dann können wir in Ruhe auf das Meer sehen, als würden wir ganz vorne auf einem großen Schiff stehen und in die Ferne blicken.«

Als sie sich auf die Bank gesetzt hatten, kramte er eine kleine Übersichtskarte von der Gegend hervor. Er hielt sie mit ausgestrecktem Arm vor sich und versuchte, etwas zu erkennen. Dann schüttelte er kurz den Kopf und reichte sie seiner Enkeltochter. »Dafür bin ich zu weitsichtig. Du hast ja leider auch deine Brille in der Ferienwohnung vergessen. Kannst du trotzdem etwas erkennen?«

Sie lächelte. »Ja, klar, Opa, ich bin doch kurzsichtig.«

Sie erzählte ihm, wie die Insel vor der Küste hieß und wie weit das nächste Festland ungefähr entfernt war. Er nickte schmunzelnd.

»Opa, ob ich die Insel sehen kann?« Sie kniff die Augen zusammen und blickte konzentriert zum Horizont. »Bei mir sieht alles verschwommen aus. Kannst du mehr sehen?«

Er nickte. »Ich sehe sie genau. Mein Großvater war Kapitän und hat im hohen Alter noch alles in der Ferne genau erkennen können. Ich glaube, ich habe seine Augen geerbt.«

»Wie sieht die Insel aus?«, fragte sie und versuchte noch einmal vergeblich, etwas zu erkennen.

»An der linken Seite steht ein Leuchtturm. Vielleicht leuchtet er, wenn es nachher dunkel wird. Daneben sehe ich einen kleinen Hafen für Segelboote. Und ein paar Häuser.«

Ihre Wangen waren jetzt leuchtend rot. »Bitte erzähl weiter! Was siehst du noch?«

Er zeigte mit dem Arm nicht direkt auf die Insel, sondern etwas weiter nach links. »Ganz weit in der Ferne sehe ich das gegenüberliegende Festland. Da sind grüne Wiesen und Wälder und dunkle Berge. Ihre Spitzen leuchten weiß.«

»Berge, hier? Wirklich? Bitte erzähl weiter!«

»Ich sehe ein wunderschönes Bauernhaus, davor spielen mehrere Kinder. Sie sind so fröhlich und ausgelassen. Da würdest du bestimmt gern mitspielen.«

46

Sie kniff die Augen zusammen. »Was du alles sehen kannst! Ich würde gern bei den Kindern sein und mitspielen.«

Er erzählte weiter, von Segelschiffen und Eisenbahnen, Brücken und Türmen. »Es ist eine fantastische Welt, die ich da sehe.«

Aufgeregt sprang sie auf. »Ich freue mich! Komm, lass uns mit den Füßen ins Wasser gehen, dann sind wir noch dichter dran!«

Er lachte und nahm sie an die Hand. »Das können wir morgen tun. Ich sehe gerade, wie der Leuchtturm anfängt zu blinken. Es ist bald Schlafenszeit.«

Während sie auf der Strandpromenade zurück in Richtung der Ferienwohnung gingen, blickte sie immer wieder aufs Meer. »Du hast so gute Augen, Opa! Du kannst so schöne Dinge sehen. Soll ich morgen meine Brille mitnehmen?«

Er drückte ihre Hand. »Das brauchst du nicht. Ich erzähle dir morgen mehr. Und ich verspreche dir – du wirst das auch alles sehen. Eines Tages!«

20. Die Salzsäule

Ziemlich am Anfang der Bibel steht eine Geschichte, die mich schon als Kind gefesselt hat. Ich finde sie spannend und unheimlich und schockierend zugleich, also großes Kino. Die Geschichte geht folgendermaßen:

Kurz bevor die Städte Sodom und Gomorra in einem Feuer- und Schwefelregen untergingen, kamen Engel Gottes, um Lot und seine Familie rechtzeitig aus Sodom zu führen und zu retten. Sie drängten zur Eile, denn der Untergang der Stadt stand direkt bevor. Erst im letzten Augenblick war die Familie dazu bereit und ließ sich von dem Engel hinausführen. Hinter ihnen brannte es bereits. »Rette dein Leben und schau nicht zurück!«, rief einer der Engel. Doch Lots Frau drehte sich um und erstarrte zur Salzsäule.
(vgl. Genesis / 1. Mose 19,1–26)

Warum wurde sie ausgerechnet eine Salzsäule? Die Salzsäule erinnert mich an ein Denkmal. Warum? Ein Denkmal besteht aus Stein oder anderem festen Material, ist starr und unbeweglich. Es ist auf die Vergangenheit ausgerichtet. Ein Denkmal blickt zurück, oder besser gesagt: Wir blicken zurück, wenn wir ein Denkmal sehen.

Sosehr mich die Geschichte von Lots Frau immer noch etwas ratlos zurücklässt, verstehe ich doch die Botschaft, die darin steckt: Es gibt Situationen in unserem Leben, in denen es nur darum geht, nach vorne zu blicken und die Vergangenheit loszulassen.

Ich habe die feste Hoffnung, dass ich nicht schon zu Lebzeiten zu meinem eigenen Denkmal werde – unbeweglich und nur auf die Vergangenheit ausgerichtet.

21. Lächelnde Gesichter

Nur schlechte Nachrichten sind gute Nachrichten.« Diesen Spruch der Medienmacher kennen wir alle. Wir haben uns an dieses makabre Spiel gewöhnt. Wir erleben selbst, dass wir süchtig nach Unglücken und Katastrophen sind. Korrupte Politiker finden wir interessanter als ehrliche. Dramen, Verbrechen und Terror ziehen uns magisch an. Wir suchen fieberhaft nach der Zahl der Opfer. Das nennen wir »Mitgefühl«, und unsere Seele verdunkelt sich.

Zum Glück gibt es »positive« Menschen, die dabei nicht mehr »mitspielen«. Sie haben sich entschieden, ihre Seele zu schützen. Sie lassen bewusst weniger dunkle Bilder in ihr Leben und halten stattdessen nach hellen Bildern Ausschau. Sie lassen sich ihren Blick auf die Welt nicht mehr vergiften. Sie wählen bewusst aus.

Das Ergebnis: Plötzlich sehen sie wieder lächelnde Gesichter. Sie stellen fest, dass zwischen den Disteln wunderschöne Blumen wachsen. Sie fassen Vertrauen zu ihren Mitmenschen. Sie blicken endlich wieder voller Zuversicht in die Zukunft.

22. Der Gutschein

Vor einigen Monaten traf ich mich wieder einmal mit einer guten Freundin zum Kaffeetrinken. Während wir uns angeregt unterhielten, fiel ihr plötzlich ein, dass sie etwas für mich mitgebracht hatte. Feierlich überreichte sie mir einen bunten Briefumschlag. »Darin ist ein Gutschein für dich«, sagte sie fröhlich und lächelte dabei geheimnisvoll. »Aber bitte erst öffnen, wenn ich gegangen bin!«

»Wofür ist der?«, fragte ich kurz, aber ihr Gesichtsausdruck zeigte deutlich, dass sie nichts verraten würde. Während unseres Gespräches dachte ich immer wieder an den Brief. Vielleicht ist es ein Gutschein für meine Lieblingsbuchhandlung, überlegte ich. Oder ein Gutschein, den meine Freundin selbst einlöst. Für ein gemütliches Frühstück oder einen Blumenstrauß aus ihrem Garten …

Als sie gegangen war, öffnete ich neugierig und hastig den Umschlag. Heraus kam eine Karte, die kunstvoll von Hand gestaltet war:

»Gutschein für einen kostbaren Augenblick der Ruhe, der Stille und des Loslassens. Mitten in der Hektik und den Sorgen des Alltags hast du die Möglichkeit, dich hinzusetzen, die Augen zu schließen und tief durchzuatmen. Vielleicht spürst du schon

bald das innere Licht. Es ist dein Licht und schenkt dir Kraft und Energie, Mut und Zuversicht, Freude und Gelassenheit. So fällt es dir leichter, Schweres zu bewältigen und Schönes zu genießen. Dieser Gutschein hat kein Verfallsdatum und kann jederzeit eingelöst werden. Nicht nur einmal, sondern immer wieder.«

Im ersten Augenblick war ich irritiert. Vielleicht auch etwas enttäuscht. Ich hatte etwas anderes erwartet. So legte ich die Karte erst einmal auf das Fensterbrett in der Küche. Doch immer wieder einmal warf ich einen kurzen Blick darauf und musste lächeln.

Dann kam einer dieser übervollen Tage, an denen ich das Gefühl hatte, dass alles zu viel wird und ich mich ständig im Kreis drehe. Die Aufgaben und Probleme häuften sich. Mein Kopf dröhnte, und ich konnte mich nicht mehr konzentrieren. Da fiel mir der Gutschein ein. Ich lächelte verwegen und entschloss mich, einen Spaziergang zu machen. Unten am Fluss setzte ich mich auf eine Bank. »Jetzt ist die Zeit für den Gutschein gekommen«, sagte ich leise und schloss erwartungsvoll und müde zugleich die Augen.

Schon sah ich es: mein Licht. Es war nicht groß. Es flackerte ein wenig. Aber es war da. Ich genoss das Gefühl, das es mit seinem Leuchten bei mir auslöste. Nach einem langen Moment spürte ich meine Energie wieder, die ich eben noch so sehr vermisst hatte.

Auf dem Heimweg sagte ich zu mir: »Ich bin ein moderner, aufgeklärter Mensch und weiß, dass ich mir das nur eingebildet habe. Aber ich fühle mich so gut wie schon lange nicht mehr.« Und das Licht leuchtete noch ein wenig heller.

23. Was brauchen wir?

In schweren Zeiten reicht unsere eigene Kraft manchmal nicht. Dann brauchen wir Ermutigungen: »Ich traue es dir zu!«, oder: »Du schaffst es!« Sie geben uns die Kraft, die uns dann fehlt.

In schweren Zeiten brauchen wir mehr als unsere eigenen Anstrengungen. Der Bauer weiß das. Er macht seine Arbeit, so gut er kann. Aber er ist trotzdem angewiesen auf Sonne und Regen.

In schweren Zeiten brauchen wir einen positiven Blick. Dann sehen wir vielleicht die Blüten zwischen den vielen Disteln wieder. Wir freuen uns über die Sonne, die kurz zwischen den Wolken hervorschaut. Wir wissen die Menschen, die zu uns halten, besonders zu schätzen. Wir blicken nicht nur auf die Gefahren und Probleme, sondern auch auf die vielen guten Möglichkeiten.

In schweren Zeiten brauchen wir Zeichen der Hoffnung. Wir brauchen Mut und Vertrauen, Menschen, die uns voller Zuversicht auf unserem Weg begleiten. Wir brauchen einen Lichtblick, etwas Rückenwind und ein Ziel am Horizont.

24. Mein ganzes Glück

Manchmal gibt es etwas,
was ich mit aller Gewalt erreichen will.
Es leuchtet so hell und schön.
Ich habe nur dieses eine Ziel
und kann an nichts anderes denken.

Meine Sehnsucht hat nur eine Farbe
und löscht alles andere aus.
Ich bin gefangen in meinem Traum.
Das Glück leuchtet grell
und schmeckt bitter.

Jede Minute, die ich warte und bange,
bedroht mich und meine Hoffnung,
und jede Stunde schlägt gnadenlos.
Ich habe nur das eine Ziel
und kann an nichts anderes denken.

Ich bin zu müde,
um noch länger zu warten.
Ich gebe resigniert auf.
Ich nehme Abschied,
weil ich so nicht weiterleben kann.

Die Zeit ist reif,
meinen Traum loszulassen
und meine Hoffnung zu begraben.

Langsam kehrt die Farbe zurück.
Die Minuten lächeln mir zu,
und die Stunden streicheln mich.
Ich fühle mich frei
und endlich wieder lebendig.

Ich bin am Ziel und blühe auf
in dem Augenblick,
als ich nicht mehr damit rechne.
Das Glück kommt in mein Leben
durch den Hintereingang.

25. Die eigenen Grenzen schützen

Ich liebe es, ab und zu in die alten Bibelgeschichten einzutauchen. Ich stelle mir vor, wie die Menschen damals glaubten und zweifelten; fiebere mit, wenn sie auf der Flucht sind oder gemeinsam am Ufer des Roten Meeres stehen und auf die andere Seite hinüberblicken. Ich liebe die großen Feiern und leide mit bei den bitteren Niederlagen. Dabei komme ich mir vor, als würde ich in einer riesigen Schatzkiste wühlen, meinen eigenen hellen und dunklen Seiten begegnen und mich mit ihnen anfreunden.

Besonders liebe ich die Jesusgeschichten. Vor meinem inneren Auge wird alles lebendig: Jesus zog unermüdlich durch das »Heilige Land«, tröstete Menschen, die verzweifelt waren, und baute sie auf. Er heilte Kranke und Verwirrte, er erzählte wunderbare Geschichten, er schenkte Hoffnung und Zuversicht und ging zu denen, mit denen sonst niemand etwas zu tun haben wollte.

Hier ist eine der vielen Geschichten von Jesus. Sie ist allerdings nicht so bekannt wie die meisten anderen:

Eines Tages kamen mehr und mehr Menschen zu Jesus. Sie alle hofften auf Heilung und Zuspruch. Seit Sonnenaufgang hatte Jesus nichts gegessen und sich keine Pause gegönnt. Schließlich warteten doch noch so viele!

Da machten sich seine Jünger Sorgen. »Herr, es geht über deine Kraft. Du solltest dich schonen und eine Pause einlegen. Herr, bitte höre auf uns!«

Aber Jesus ließ sich nicht von seinem Dienst an den Hilfesuchenden abbringen. »Seht ihr nicht, wie sehr sie mich brauchen? Sie hungern und dürsten nach himmlischer Nahrung. Sie sind wie Schafe, die ihren Hirten suchen. Ich darf sie nicht enttäuschen. Ich darf jetzt nicht an mich denken. Ich bin in diese Welt gekommen, um andere zu lieben und nur zu lieben.«

Plötzlich geschah das Unfassbare: Jesus taumelte. Er fasste sich an die Stirn, blickte noch einmal in die brennende Sonne und fiel auf den Boden. Seine Jünger waren entsetzt. Sie trugen ihn in den Schatten und schickten die Wartenden fort.

Vier Wochen lang musste Jesus gepflegt werden und sich gründlich ausruhen, bevor er wieder hinaus zu den Menschen gehen konnte.

Sie haben es wohl schon gemerkt. Diese Geschichte steht so nicht in der Bibel. Sie ist vielmehr in meiner Fantasie entstanden. In Wirklichkeit wusste er sehr gut, wann es Zeit ist, sich zurückzuziehen und neue Kraft zu schöpfen:

Einmal kam eine große Menschenmenge, um Jesu Botschaft zu hören und von ihm geheilt zu werden. Was tat Jesus? Er zog sich zurück in die Wüste und betete. (Lukas 5,16)

Jesus wusste, wann es Zeit war, sich zurückzuziehen. Er wusste, wann er eine Auszeit brauchte, um sich zu erholen und neu zu sammeln.

Jesus war freundlich zu den Menschen, aber er war nicht einfach nett und höflich. Er setzte sich für sie ein, aber er wusste dabei genau, wo seine Grenze war. Er heilte Menschen, aber er war auch in der Lage, sich selbst zu schützen.

Vielleicht haben Sie das auch schon erlebt: Manchmal muss man Menschen enttäuschen oder zurückweisen, um sich nicht benutzen oder verletzen zu lassen. Manchmal muss man seine Meinung sagen und Entscheidungen treffen – deutlich und gelassen. Manchmal muss man vor allem an sich selbst denken, um nicht im Meer der Ideen und Anforderungen, der Träume und Erwartungen unterzugehen.

26. Ich nehme die Freiheit

Ich liebe euch nicht, meine Sorgen.
Und doch dränge ich mich immer wieder zu euch.
Ihr helft mir nicht, meine Probleme zu lösen
und meine Zukunft sinnvoll zu gestalten.
Und doch klammere ich mich an euch.
Ihr nehmt mir die Luft zum Atmen,
hindert mich an einem erfrischenden Schlaf
und macht mir das Leben zur Hölle.
Dennoch verbringe ich viel Zeit mit euch.

Doch hilflos ausgeliefert bin ich euch nicht.
Ich habe mich entschieden,
dass wir in Zukunft getrennte Wege gehen.
Unser Vermögen werden wir teilen:
Ihr behaltet die Angst und den Ärger.
Die Freiheit und die Lebensfreude nehme ich.

Und ich dachte einmal,
dass ich euch bräuchte!

27. Außen und innen

Manchmal, wenn ich ratlos bin und sorgenvoll in eine ungewisse Zukunft blicke, wehen auf verschiedene Weise liebe Grüße und gute Wünsche zu mir herüber. Ich öffne einen Brief und freue mich auf die Karte darin. Von Hand geschrieben steht dort: »Alles Gute! Wir denken an dich!« Das tut gut.

Ich bekomme eine Nachricht: »Viel Kraft für deinen Weg!« Wie schön! Ich bin dankbar, dass die Freunde an mich denken.

Ich trinke aus der Tasse, die mir eine gute Freundin kürzlich geschenkt hat. Der Spruch darauf lächelt mich an: »Alles wird gut!« Na dann! Ich trinke gleich noch einen großen Schluck.

Ein Nachbar kommt zu Besuch. Er bringt ein fröhliches Lachen mit. Als er die geschlossenen Vorhänge sieht, zieht er sie zur Seite. Da fällt Licht ins Zimmer. Die Sonne lacht dazu. Um mich herum ist es hell, um mich herum sind gute Wünsche und Aufmunterungen.

Ich bin wieder allein. Jetzt nehme ich mir die Zeit, meine Augen zu schließen und in mich hineinzusehen und zu horchen. Nach einigen Minuten taucht ein kleines Licht auf. Ich schmunzle. »Es ist also noch da, das Licht. Wo war es bloß?«

Ich spüre weiter in mich hinein. Plötzlich wird mir deutlich, dass ich nicht hilflos bin. In meiner Tiefe begegnet mir die Kraft, auf die ich mich früher immer verlassen habe. In letzter Zeit habe ich sie vermisst. Ich staune. »Sie war immer in mir. Ich hatte sie nur vergessen.«

In mir kommen aufregende Bilder zum Vorschein. Ich sehe, wie die Freude mit der Hoffnung tanzt und wie der Mut die Angst liebevoll in den Arm nimmt. Ich sehe, wie die Zuversicht ihre weiten Flügel ausbreitet und der Humor bunte Glitzersterne verschenkt.

Ich öffne wieder die Augen. »Was für eine wunderbare Reise!«, denke ich ergriffen. Ich konnte erleben, dass alles schon da ist. Der Himmel hat mich längst reich beschenkt.

Freunde und Bekannte haben mir liebe Grüße geschickt und mir Kraft gewünscht, sie haben an mich gedacht und mir Mut gemacht.

Ich tauchte in meine eigene Tiefe hinab und entdeckte einen inneren Reichtum, der mich fast sprachlos gemacht hat.

Es kam von außen und von innen, von anderen Menschen und von mir, aus der Weite und aus der Tiefe.

28. Die eigene Kraft nutzen

Es gibt Bücher, die wir immer wieder gern zur Hand nehmen, weil sie uns jedes Mal neu mit ihren zeitlosen Weisheiten inspirieren. Ich denke da an »Der kleine Prinz« von Antoine de Saint-Exupéry, an »Der Prophet« von Khalil Gibran und an viele andere. Sicher haben Sie auch etliche Bücher, die Sie immer wieder gern hervorholen.

Da fällt mir gleich noch das Buch »Zwei alte Frauen« ein. Velma Wallis erzählt darin eine alte Legende, in der es um einen Nomadenstamm im Norden Alaskas geht. Für die Eingeborenen war es wichtig, dass sie den Tierherden folgten, denn sie konnten es sich nicht leisten, einfach nur dazusitzen und darauf zu warten, dass die Nahrung zu ihnen kam. Ein solch bequemes Verhalten hätte den sicheren Tod bedeutet.

Zu diesem Stamm gehörten zwei alte Frauen, Ch'idzigyaak und Sa‹. Die beiden gingen an Stöcken und wurden von den übrigen Stammesmitgliedern mitversorgt. Im Stamm waren sie dafür bekannt, dass sie ständig über ihre Wehwehchen klagten.

In einem besonders harten Winter, in dem der ganze Stamm schon seit Wochen Hunger litt, entschied der junge Häuptling schweren Herzens, die beiden

hilflosen Alten zurückzulassen. Apathisch nahmen beide ihr sicheres Todesurteil an und blieben in der beißenden Kälte zurück.

Nach einigen Stunden durchbrach Saʻ die Stille und meinte, dass sie sterben würden, wenn sie weiter so dasäßen und warteten.

Gegenseitig versprachen sie sich, nicht einfach aufzugeben. Sie sorgten für Feuer und stellten einfache Tierfallen her. Sie zwangen ihre alten Körper zur Bewegung und stellten erstaunt fest, wie verwöhnt sie doch bis vor Kurzem gewesen waren. Sie besannen sich auf ihre alten Fähigkeiten und wunderten sich jeden Tag mehr, was ihnen noch alles gelang.

Sie bauten ihr einfaches Zelt auf, errichteten zur Isolierung hohe Schneewände drum herum und legten Kaninchenfallen aus. Sie waren stolz auf das, was sie geleistet hatten – ein Gefühl, das ihnen schon lange fremd war.

Wie gut, dass wir uns – in jedem Lebensalter – an die Kraft erinnern dürfen, die in uns steckt!

29. Auf und Ab

Seitdem ich lebe,
begleitet mich das Auf und Ab
und hält mich lebendig.
Ich brauche die Arbeit
und freue mich auf das Faulenzen.
Ich liebe die Stille
und genieße den Trubel.
Ich bin gern allein
und suche die Gemeinschaft.

Auch morgen und übermorgen
begleitet mich das Auf und Ab,
Sieg und Niederlage,
Geben und Nehmen,
Nähe und Distanz –
Tag und Nacht,
Sommer und Winter.

Das Auf und Ab
hält mich lebendig.

30. Erschütterung

Probleme können uns erschüttern, und wie! Dabei hat jeder Mensch sein eigenes »Problem-Bewertungssystem«, seine persönliche Skala. Ein kleines Problem bekommt von uns vielleicht den Wert »2« oder »3« zugewiesen, ein großes Problem vielleicht eine »5« oder »6«. Bei Werten darüber sind wir bis ins Mark erschüttert oder völlig verzweifelt.

Was für den einen Menschen eine »3« ist, würde ein anderer womöglich als »7« oder »8« bezeichnen. Und manches vermeintliche Riesenproblem stellt sich im Rückblick doch eher als ein »Problemchen« dar. Wir alle haben nach einem anfänglich »heftigen Schock« schon herzhaft gelacht – wenigstens im Rückblick.

Da fällt mir ein Besuch im Seniorenheim ein. Ich kannte die alte Dame, mit der ich mich dort traf, von früher aus der Gemeinde und freute mich auf unsere Begegnung. Sie war immer noch an vielem interessiert, besonders an den aktuellen Entwicklungen »draußen« – im kleinen Ort und in der großen Welt. Körperlich dagegen war sie bereits sehr hinfällig und eingeschränkt.

Ich fragte sie, wie sie im Heim zurechtkomme. Sie lächelte wie, na ja, wie eine freundliche ältere Frau.

»Ach, ganz gut. Ich kann mich wirklich nicht beklagen.« Ich sah ihr an, dass sie kein Mensch war, der gern klagte. Und doch spürte ich, wie sie das Leben draußen vermisste.

Als sie begann, von früher zu erzählen, waren ihre Augen voller Wehmut und Begeisterung zugleich. Sie leuchteten regelrecht.

»Was vermissen Sie denn besonders?«, fragte ich nach.

Jetzt lächelte sie wie ein junges Mädchen. Nach einer kurzen Pause antwortete sie: »Natürlich freute ich mich immer, wenn alles harmonisch und die Stimmung gut war. Aber im Rückblick ...«, dabei schloss sie kurz die Augen, »... im Rückblick denke ich viel häufiger an die zahlreichen kleinen Pannen und Probleme. Damals konnte ich mich über vieles aufregen. Wie habe ich mich über den verlorenen Schlüssel geärgert und über die ausgefallene Heizung. Heute frage ich mich, warum. Denn gerade in solchen Momenten war ich besonders lebendig. Wir suchten dann gemeinsam nach einer Lösung, wir lernten dazu, wir waren in Bewegung – und hinterher haben wir meistens laut gelacht! Es war die Würze im Alltag. Oh, wie ich das alles vermisse!«

31. Ich bin so frei

In meinem letzten Urlaub wurde mir auf angenehme Weise deutlich, wie schön es ist, aus verschiedenen Möglichkeiten auswählen zu können.

Gehe ich zur Inselspitze über den Hügel mit den Birken und Eichen, oder nehme ich den Weg direkt am Strand? Wandere ich zur alten Berghütte immer am Bach entlang, oder wähle ich den steilen, anstrengenden Pfad, um den atemberaubenden Blick von oben genießen zu können? Spaziere ich auf dem Weg zum Museum gemütlich durch den romantischen Park, oder habe ich heute eher Lust, über die belebte Einkaufsstraße zu schlendern?

Ich genieße die Freiheit, mich für oder gegen etwas entscheiden zu können. Das heißt aber nicht unbedingt, dass ich sie auch nutze. Oft bin ich in meiner täglichen Routine gefangen, ohne mir dessen bewusst zu sein. Dabei gibt es so viele Möglichkeiten, auszubrechen und einen anderen Weg zu gehen.

Ich frage mich: Will ich voller Zuversicht nach vorne gehen?

Will ich mich an meine Kraft erinnern und zuversichtlich anpacken?

Will ich dem Leben und dem Himmel vertrauen?

Will ich mich neu orientieren und dann vertrauensvoll meinen Weg gehen?

Ich habe verschiedene Möglichkeiten. Vielleicht entscheide ich mich heute dafür zu sagen: »Ich bin so frei!«

32. Die Brücke

Großpapa, wie er ihn zärtlich nannte, wohnte weit entfernt auf der anderen Seite des großen Flusses. Wenn es hieß: »Am Wochenende fahren wir über die Brücke!«, freute sich Pawel immer sehr. Er wusste genau, was das bedeutete: Dann würden sie die Eisenbahn nehmen, die über die Brücke quietschte und ruckelte, und Großpapa besuchen. Nach der Brücke ging es noch lange geradeaus. Von der Station »Großpapa« waren es dann nur noch wenige Kilometer zu Fuß, und von Schritt zu Schritt wurde der Weg leichter.

Manchmal, wenn Pawel es nicht mehr aushalten konnte, bis es endlich losging mit der großen Reise, ging er mit seiner Mutter den Abhang vor ihrem Haus hinunter, dann immer an den Alleebäumen entlang bis zu der kleinen Aussichtsterrasse am Fluss. Von dort konnten sie in der Ferne die Brücke sehen. Pawel liebte diesen Ort und zeigte immer wieder auf die Brücke, deren Schienen in der Sonne glänzten, als wären eine Million Lichter angezündet worden. »Da, über die Brücke fahren wir. Wie lange dauert es noch, Mama?«

Eines Tages zogen dunkle Wolken vom Westen her über die Stadt. Es begann zu regnen, immer stärker, bis es spritzte und prasselte. Man konnte kaum die Hand vor den Augen sehen. Pawel strahlte. Er liebte Sturm und Regen. Er zog seine Regenjacke an, schnappte sich die Gummistiefel und zog hinaus. »Ich geh nur kurz vor die Tür und springe durch die Pfützen.«

»Er wird gleich zurückkommen«, sagte der Vater lächelnd, »es schüttet ja wie aus Kübeln.« Er freute sich insgeheim über den Abenteuerdrang seines Jüngsten, der gerade sieben geworden war. Ihm selbst war in seiner Kindheit alles verboten gewesen, was nass oder gefährlich war.

Nach einer Stunde war Pawel immer noch nicht zurück. Die Eltern sahen sich besorgt an. »Lass uns hinausgehen und ihn suchen!«, sagte der Vater. Sie suchten vor dem Haus und hinter dem Haus. Sie gingen die Straße hoch und kamen wieder zurück. Da deutete die Mutter auf den Abhang, der hinunter zum Fluss führte. Sie liefen bergab und rutschten dabei mehrmals aus. Jetzt liefen sie die Allee entlang zur Aussichtsterrasse. Ob sie ihn dort finden würden? Als sie an dem Aussichtspunkt angekommen waren, trauten sie ihren Augen kaum. Dort stand Pawel völlig unbeweglich und schien weit in die Ferne zu blicken.

Die Eltern näherten sich vorsichtig, um ihn nicht zu erschrecken. Als er sie sah, lächelte er glücklich. »Wollt ihr auch gucken?«

»Was siehst du da?«, fragte die Mutter, die ihn am liebsten sofort fest in die Arme geschlossen hätte.

»Ich schaue zur Brücke, auf der wir immer zu Großpapa fahren«, antwortete er, als wäre es die selbstverständlichste Sache der Welt.

Die Eltern blickten sich fragend an. »Aber bei dem Wetter kannst du sie doch überhaupt nicht sehen. Du musst warten, bis es aufhört zu gießen und es wieder heller wird.«

Pawel lachte sie an. »Warum denn? Ich weiß doch genau, dass die Brücke da ist. Der Regen kann sie nicht wegmachen.« Er lachte immer noch und zeigte mit der Hand in die Richtung der Brücke.

33. Meine Entscheidung

»Hast du dich entschieden?«,
fragt der Mut augenzwinkernd
und dreht sich herausfordernd zu mir um.

»Du musst dich nicht entscheiden!«,
flüstert die Angst mit monotoner Stimme.
»Das ist viel zu gefährlich!«

»Wofür soll ich mich entscheiden?«,
frage ich aufgeregt den Mut
und versuche, mit ihm Schritt zu halten.

»Zuerst für die Hoffnung!«,
antwortet er und deutet vielsagend
zum Himmel und zum Horizont.

»Dann für das Vertrauen!«,
fügt er begeistert hinzu
und lädt mich ein, ihm zu folgen.

»Außerdem für die Liebe!«
Dabei tanzt er ausgelassen vor meinen Augen
und hält die Arme weit geöffnet.

»Schließlich für die Gelassenheit!«
Dabei lacht er so ansteckend,
dass ich ebenfalls zu lachen beginne.

»Du musst dich nicht entscheiden!«,
flüstert die Angst mit monotoner Stimme.
»Das ist viel zu gefährlich!«

»Komm her zu mir!«, lockt sie mich.
»Wir verstecken uns gemeinsam,
so lange, bis alles vorbei ist!«

Doch ich bin längst weitergelaufen
und rufe dem Mut fröhlich zu:
»Ich habe mich entschieden!«

34. Das Haus am Meer

Als Chris ungefähr 20 Jahre alt war, sah er es zum ersten Mal: sein Traumhaus. Es wirkte, als hätte es sich hinter die Dünen gedrückt, um vor den Herbststürmen Schutz zu suchen. Und doch machte es den Eindruck, den Bewohnern ausreichend Sicherheit bieten zu können. Es war ein kleines Haus mit dunkelroten Backsteinen und einem soliden Reetdach und lag nur einen guten Steinwurf vom Meer entfernt.

Chris stand wie erstarrt davor und konnte seinen Blick nicht davon lösen. Eines Tages, das versprach er sich, wird es mir gehören.

Im nächsten Jahr kam er wieder, dieses Mal gleich für eine volle Woche. Er hatte ganz in der Nähe ein kostengünstiges Quartier in einer kleinen Pension gefunden. Er genoss die Tage am Meer, den Wind und die Sonne, den Salzgeruch, den Sand unter den Füßen und den freien Blick aufs weite Meer. Manchmal sprang er vor lauter Lebensfreude übermütig in die Luft. Hier ließ es sich gut leben, hier fühlte er sich einfach wohl.

Von nun an kam er jedes Jahr wieder, manchmal sogar mehrmals. Jede Jahreszeit hatte für ihn einen besonderen Reiz. Selbst der raue, stürmische Herbst und der schneidend kalte Winter. Die nutzte er zu ausgedehnten Spaziergängen.

Als Chris heiratete, war es klar, dass seine Frau ihn bei seinen Reisen ans Meer begleiten würde. Sein Traumhaus hatte für ihn noch immer nichts von seiner Anziehungskraft verloren – im Gegenteil! Chris hoffte bei jedem Besuch, endlich ein Schild zu entdecken, auf dem stand: »Zu verkaufen.« Zusätzlich hatte er einen Immobilienmakler im Ort beauftragt, ein Auge auf »sein« Haus zu werfen.

In den nächsten Jahren fuhr Chris mit seiner Frau und ihren beiden Kindern ans Meer. In der Pension war er längst ein vertrauter Stammgast geworden. Die Kinder spielten im Sand und liebten die Gegend am Meer ebenfalls. Wenn die Familie auf dem Weg zum Strand am Traumhaus vorbeikam, sagte Chris feierlich: »Das wird einmal unser Ferienhaus sein. Ich träume schon lange davon.« Manchmal sah Chris eine alte Frau aus dem Haus kommen. »Mal sehen, wie lange sie noch hierher ans Meer reisen wird«, dachte er dann.

Einige Jahre später, als die Kinder längst aus dem Haus waren und ihre eigenen Wege gingen, fuhr Chris wieder mit seiner Frau allein ans Meer. In der Pension hatte inzwischen die nächste Generation das Ruder übernommen. Noch immer hatte er das Gefühl, nach Hause zu kommen, wenn er dort sein Zimmer bezog. Und kein Tag am Meer verging für ihn, ohne einen Blick auf »sein« Haus zu werfen.

Eines Tages sah er Kinder vor dem Haus spielen. Tatsächlich, es hatte neue Bewohner. Chris war enttäuscht und traurig. »Ich muss wohl noch länger Geduld aufbringen«, sagte er seiner Frau und nahm sie in den Arm.

Die Besuche am Meer waren ein wichtiger Teil seines Lebens geworden. Chris konnte inzwischen längst nicht mehr wie früher übermütig am Wasser laufen und vor Lebensfreude in die Luft springen. Die Wege waren mühsam geworden.

In diesem Jahr kam er mit seinem Enkel. Max war 20, gerade so alt wie Chris, als er zum ersten Mal sein Traumhaus gesehen hatte. Sie wohnten selbstverständlich in der alten, kleinen Pension. Oft saßen sie auf einer Bank, von der aus sie genau auf »sein« Haus sehen konnten, und führten vertrauensvolle, intensive Gespräche.

Am Abschiedstag saßen sie wieder dort, und Max traute sich, eine Frage zu stellen, die ihm auf dem Herzen lag: »Opa, jetzt hast du so lange gehofft, dass es wirklich dein Haus werden würde – und es ist nichts daraus geworden. Wie wirst du nur mit dieser Enttäuschung fertig?«

Chris sah ihm liebevoll in die Augen, und in seinem Blick lag mehr Freude als Traurigkeit. »Es ist doch längst mein Haus geworden.« Er lächelte versonnen. »Auch wenn ich es nicht besitze. Es hat mich im-

mer wieder hierher ans Meer gelockt, hat mich immer wieder verzaubert und mir einige der schönsten Momente meines Lebens geschenkt.«

Max legte ihm seine Hand auf die Schulter. »Komm, Opa, lass uns noch einmal ans Meer gehen!«

35. Vorsicht, Ansteckung!

Krankheitserreger lauern überall. Das kann gefährlich sein. Doch wenn unser Immunsystem gesund ist, können sie uns zum Glück kaum etwas anhaben.

Auch bei negativen Emotionen besteht Ansteckungsgefahr. Auch das kann gefährlich sein. Sie werden leicht und schnell übertragen. Wir haben es schon oft erlebt, dass uns wütende Menschen mit ihrer Wut angesteckt haben. Aggressive Menschen haben uns mit ihrer Aggression angesteckt. Da erkannten wir uns selbst kaum wieder. Wir infizierten uns mit Neid, Angst und Misstrauen. Wir wurden krank vor Bitterkeit oder Ärger.

Zum Glück gibt es auch positive Emotionen. Und zum Glück sind auch die übertragbar. Von ihnen lassen wir uns gern anstecken. Fröhliche Menschen stecken uns mit ihrer Freude an. Zuversichtliche Menschen stecken uns mit ihrer Zuversicht an. Mutige Menschen stecken uns mit ihrem Mut an. Hoffnungsvolle Menschen stecken uns mit ihrer Hoffnung an. Gelassene Menschen stecken uns mit ihrer Gelassenheit an. Das tut immer wieder gut. Wir wundern uns selbst, wie locker wir plötzlich sind. Dankbare Menschen stecken uns mit ihrer Dankbarkeit an.

Ja, so bringt Ansteckung großen Spaß!

Wenn wir regelmäßig die Nähe hoffnungsvoller, fröhlicher und liebevoller Menschen erleben und so unseren Vorrat an positiven »Vitaminen« immer wieder auffüllen, dann sind wir eines Tages vielleicht tatsächlich immun gegen Angst und Ärger. Ich finde, das ist ein schönes Ziel!

36. Geschenkt

Nichts im Leben ist selbstverständlich.
Nichts steht mir zu.
Umso mehr will ich mich freuen
über jedes gute Wort,
über jeden kleinen Erfolg,
über jeden neuen Anfang,
über jedes fröhliche Lachen,
über jede gute Begegnung
und über jeden neuen Tag,
den ich erleben darf.

Nichts ist selbstverständlich.
Alles ist geschenkt.

37. Auf der Suche

Wenn ich etwas suche, spüre ich dabei immer einen Hauch Abenteuer. Schon das Suchen allein kann zutiefst aufregend und befriedigend sein. Immer treibt mich dabei die große Frage an: Werde ich nicht nur suchen, sondern auch finden? Werde ich das Ziel erreichen?

Jedes Jahr im März mache ich mich auf die Suche nach Leberblümchen, deren kleine Blüten dem Wald ein zartes Blau schenken, als wäre es gerade eben vom Himmel gefallen.

Manchmal laufe ich mit einem gelben Zettel, auf den eine Adresse gekritzelt wurde, durch eine fremde Straße in einer fremden Stadt – auf der Suche nach einer bestimmten Person, einem empfohlenen Café oder einem angesagten Laden. Hier müsste es sein, aber da steht nur ein neuer, noch nicht ganz fertiggestellter Wohnblock. Ist das überhaupt die richtige Adresse?

Ich suche einen Fußweg, der hinauf zur Burg führt. Oder ich mache einen Einkaufsbummel und suche eine Hose, die schlank macht, ohne wieder so eng zu sitzen wie die vorige. Ich suche ein interessantes Fotomotiv oder den Eingang zur Einwohnermeldestelle.

Vor einiger Zeit traf ich eine junge Frau, die mir ein Geheimnis anvertraute: »Ich suche überall, wo ich gerade bin, nach einem Lächeln.« Als sie meinen etwas hilflosen Blick sah, erzählte sie mehr: »Ich habe festgestellt, dass mich jedes Lächeln, dem ich begegne, etwas fröhlicher macht. In jedem Lächeln stecken Glück und Hoffnung, Vertrauen und eine Prise Mut.«

Ich habe es dann selbst ausprobiert. Und seitdem bin ich süchtig. Es funktioniert fast überall. Neulich saß ich hinter dem Steuer meines Wagens und ärgerte mich über den Stau. Als ich meinen Blick schweifen ließ, erhielt ich plötzlich aus dem Auto nebenan ein Lächeln geschenkt. Als ich erst im letzten Augenblick bei der wichtigen Versammlung ankam, verschwitzt und gestresst, zwinkerte mir jemand lächelnd zu. Als ich im Urlaub durch die belebte Gasse schlenderte und ein älteres Ehepaar mir zulächelte, fühlte ich mich sofort heimisch.

Wie gesagt, ich suche überall nach einem Lächeln. Wenn ich es einmal gar nicht finde, dann greife ich zu einem drastischen Mittel: Ich lächle selbst. Das funktioniert immer.

38. Mit Ruinen leben

Ich liebe alte Städte. Besonders gern besuche ich die italienische Hauptstadt Rom. Dort kann ich tagelang herumstreifen, ohne dass es langweilig wird. Was mich in Rom am meisten anzieht, sind nicht die prächtigen Bauten aus der Zeit der Renaissance oder des Barock. Die wahren Stars der Stadt sind die Ruinen wie das Kolosseum, das Forum Romanum oder viele andere verfallene Zeugen einer längst vergangenen Zeit.

Zum Glück käme niemand auf die Idee, alle Ruinen abzureißen und an ihrer Stelle moderne Wohn- oder Geschäftshäuser zu bauen. Wir lieben die alten Bauten. Sie sind Zeugen der Vergangenheit, faszinierende Mahnmale einer längst vergangenen Zeit. Sie erinnern uns an die Macht und Ohnmacht alter Kulturen, an Liebe und Hass, an Pracht und Zerfall, Glück und Enttäuschung, helle und dunkle Seiten.

Helle und dunkle Seiten? Wir leben in einer Zeit, in der die meisten Menschen die dunklen Seiten ihres Lebens verstecken. Wir sind geübt in ständiger Selbstoptimierung und propagieren lebenslanges Wachsen und Reifen. Wir spüren den Druck unseres Umfelds, dass unser Leben gelingen muss, und versuchen, uns

als glücklich, erfolgreich und in jeder Hinsicht perfekt zu inszenieren. Die Ruinen unseres Lebens, die Fehlentscheidungen und Versäumnisse, Niederlagen und Katastrophen, auch die vielen Verletzungen, die uns angetan wurden, verstecken wir dabei gerne vor unseren Mitmenschen. Wir verstecken sie sogar vor uns selbst. Wir spielen Glück, Harmonie, Perfektion. Und nur selten lassen wir die Erkenntnis zu, dass es das völlig heile, gelingende Leben hier in dieser Welt gar nicht geben kann.

Dieses Versteckspiel bringt viele bange Fragen mit sich: Wie lange wird es wohl gelingen? Was, wenn sich unsere Lebenssituation dramatisch ändert – jetzt oder eines fernen Tages – und jeder die Wahrheit über uns sehen kann?

Wir blicken sorgenvoll in die Zukunft und sehen nur Nebel. Und aus dem Nebel treten die Ruinen zutage. Unser Leben ist eben nicht perfekt. Wir haben vieles versäumt. Wie sollen wir damit nur leben?

Der kanadische Sänger, Dichter und Maler Leonard Cohen singt im Refrain des Liedes »Anthem«: »There is a crack in everything, that's how the light gets in.« – »Es ist ein Riss in allen Dingen, so kommt das Licht herein.« Das ist fast wie eine Hymne auf die Ruinen, so als ob auch etwas Gutes darin läge. Vielleicht ist es ja so: Der Mensch wird zum Menschen in der Dunkel-

heit, dann, wenn er seine Grenzen akzeptiert und aufhört, die Ruinen zu verstecken.

Der Weg liegt vor uns. Ein kleines Licht in uns macht
uns Mut. Vor uns wird es langsam heller. Wir können
Grenzen überschreiten.

39. Was ich mag

Wie wäre es jetzt mal mit einer Pause? Deine Gedanken und Überlegungen sind lange genug in eine Richtung gegangen. Es ist höchste Zeit, mal an etwas völlig anderes zu denken. Oder mal nicht nur zu denken, sondern auch zu fühlen.

Das gelingt spielerisch am besten.

Spielst du mit? Das ist prima, dann fangen wir gleich an. Du brauchst nur ein Blatt Papier und einen Stift. Hier ist deine erste Frage: Was magst du, das mit einem A beginnt? Schon legst du los und kramst in deiner inneren Schatzkiste: Ananas? Oder Amerika? Vielleicht Anna? Dir fällt noch mehr ein? Wunderbar. Du kannst alles aufmalen oder aufschreiben. Du musst dich nicht für eines entscheiden, wenn es vieles mit A gibt, das du magst.

Schon geht es weiter. Was magst du mit B? Berlin? Oder die Berge? Oder Bananen? Vielleicht Bea oder Ben? Kann es sein, dass es immer mehr wird?

Die nächste Frage ahnst du schon, das ist klar: Was magst du mit C? Dir fällt Chris ein, die Christrose oder Canada (das Land der großen Abenteuer schreiben wir jetzt mal nicht mit K, sondern mit C, wie es die Einheimischen dort tun).

Und schon kommt die Dattel oder die kleine Drama-queen von nebenan. Oder eher Drachenfliegen und die Donau?

Viel Spaß bei: *Was mag ich von A bis Z*? Spürst du schon, wie wieder Farbe in dein Leben kommt?

40. Der richtige Hut

Franz war ein fröhlicher junger Mann, der seine Heimatstadt noch nie verlassen hatte. Sie hatte viele prächtige Häuser und Türme, war gut befestigt und von einer hohen Mauer umgeben.

Alle Menschen in der Stadt trugen weiße, spitze Hüte. An seinem ersten Schultag hatte Franz in einer besonderen Zeremonie seinen ersten weißen Hut überreicht bekommen. »Trage ihn, wo immer du bist. Durch diesen Hut«, so wurde ihm erklärt, »bist du immer geschützt und sicher.«

Als Franz älter war, fragte er seine Eltern eines Abends: »Könnt ihr mir sagen, wovor wir geschützt werden, wenn wir den weißen Hut tragen?« Seine Eltern lächelten über die sonderbare Frage. »Wir werden vor unseren Feinden geschützt. Das habt ihr doch bestimmt schon in der Schule gelernt. Es gibt Feinde, die schwarze Hüte tragen oder grüne, und …«, sein Vater holte tief Luft, »… und vor allem gibt es Feinde, die gar keine Hüte tragen. Vor denen müssen wir besonders geschützt werden.«

Als Franz später im Bett lag, dachte er noch lange nach. Zufrieden war er nicht mit der Antwort der Eltern und auch nicht mit den Erklärungen seiner Lehrer in der Schule.

Eines Tages hörte er mitten auf dem Marktplatz laute Rufe: »Seht ihr dort? Da läuft ein schwarzer Hut! Ein schwarzer Hut! Ruft die Wachen!« Der Spuk dauerte nicht lange. Wenige Minuten später war der schwarze Hut abgeführt. Schnell kehrte wieder Ruhe ein.

»Siehst du«, sagte seine Mutter, als er ihr am Abend von seinem Erlebnis erzählte, »wir sind gerettet worden. Wie gut, dass wir unsere weißen Hüte haben!«

Als Franz 20 Jahre alt wurde, sagte er seinen Eltern feierlich: »Ich will in die Welt ziehen und andere Städte und Länder kennenlernen. Ich will sehen, wie die Menschen dort leben.«

Die Eltern waren entsetzt. »Das ist viel zu gefährlich. Niemand verlässt freiwillig seine Stadt. Bleib hier, wo du hingehörst. Dann wird es dir immer gut gehen.«

Doch Franz ließ sich nicht von seinem Plan abbringen. »Ich habe ja meinen weißen Hut dabei. Der wird mich schützen, wenn es Probleme gibt!« Die Mutter flehte ihn an zu bleiben, doch er ließ sich nicht umstimmen.

Fröhlich und voller Abenteuerlust zog er am nächsten Tag schon vor Sonnenaufgang los. Der Himmel war bald herrlich blau, und ein leichter Wind begleitete ihn auf seinem Weg. Er überlegte, ob er Angst hatte. Doch dann dachte er an seine Kopfbedeckung und fühlte sich wohlbehütet.

Langsam näherte sich die Sonne dem Horizont, als er eine Stadt vor sich sah, die mindestens so groß und

stolz war wie seine. Sie war ebenfalls von hohen Mauern umgeben. Als er neugierig und erwartungsvoll durch das Stadttor trat, war es bereits dunkel. Er lief eine breite Straße entlang, die zu einem großen Platz führte. Überall wimmelte es von Menschen.

Plötzlich hörte Franz laute Rufe: »Seht ihr dort? Da läuft ein weißer Hut! Ein weißer Hut! Ruft die Wachen!«

Erst jetzt bemerkte Franz, dass alle anderen hier schwarze Hüte trugen. Er war der Einzige mit einem weißen. Voller Angst lief er in eine dunkle Nebenstraße. Er lief immer weiter, drehte sich mehrmals keuchend um und landete schließlich in einem kleinen Hinterhof. Hier blieb er aufgeregt stehen und holte erst einmal tief Luft. Niemand war ihm bis hierher gefolgt. Hinter einem Fenster winkte ihm ein alter Mann zu und machte ihm mit Handbewegungen deutlich, dass er hereinkommen sollte. Schnell sprang Franz durch die geöffnete Tür ins Haus, und sofort schloss der Alte wieder hinter ihm zu. »Du hast Glück gehabt!«, flüsterte er. »Wenn sie dich mit deinem Hut erwischt hätten, wärst du in den tiefen Verliesen der Stadt für immer verschwunden.« Franz sah dankbar zu dem alten Mann, der mühsam von der Tür zu seinem Stuhl schlich. »Ich dachte immer, mit meinem weißen Hut bin ich überall sicher. So habe ich es schon als Kind gelernt.«

Der Alte lächelte wehmütig und schüttelte den Kopf. »Hier bei uns sind es die schwarzen Hüte, die

uns schützen. Alle sind davon überzeugt, dass die weißen und alle anderen Hüte Gefahr bedeuten.«

»Hast du keine Angst vor mir?«, fragte Franz und nahm endlich seinen Hut ab. Der Alte lächelte wieder. »Viel zu lange hatte ich Angst. Doch heute nicht mehr. Ich sitze nur noch in meiner Wohnung und gehe gar nicht mehr nach draußen. Hier«, dabei nahm er seinen eigenen schwarzen Hut und reichte ihn dem Gast, »den kannst du haben, damit du in unserer Stadt sicher bist.«

Jetzt hatte Franz zwei Hüte, einen für jede Stadt. Er setzte sich zu dem Alten an den Tisch. Der stellte ihm Wasser und ein Glas Wein hin und reichte ihm einen Teller. »Jetzt iss dich erst einmal satt. Danach kannst du dich dort auf dem Strohlager ausruhen.«

Am nächsten Morgen stand Franz bereits sehr früh auf. Er gab seinem Gastgeber die Hand und setzte den schwarzen Hut auf. »Danke für alles. Du hast mich gerettet. Das werde ich dir nie vergessen.«

Kurze Zeit später hatte er die Stadt verlassen und war wieder unterwegs, nachdenklich, aber immer noch voller Abenteuerlust. Er genoss den frischen Wind und die wunderschöne Landschaft.
Angst hatte er keine, oder doch?

Schon um die Mittagszeit sah Franz die nächste Stadt in der Ferne auftauchen. Es war inzwischen heiß geworden, und er freute sich auf eine Erfrischung und eine Pause.

Als er sich der Stadt näherte, stellte er fest, dass sie kleiner war als die beiden anderen. Außerdem war sie von keiner Mauer umgeben. Von den ersten Häusern, an denen er vorbeikam, waren es nur wenige Minuten bis zum Platz in der Ortsmitte. Jetzt in der Mittagshitze waren kaum Menschen draußen.

Mitten auf dem Platz stand ein Brunnen, aus dem Wasser sprudelte. Es schmeckte gut und war sehr erfrischend. Franz setzte sich auf die Bank am Brunnen und war nach kurzer Zeit eingeschlafen.

Als er wieder aufwachte, war es nicht mehr so heiß wie zur Mittagszeit. Jetzt waren viele Menschen auf dem Platz. Sie gingen umher und unterhielten sich fröhlich.

Eine junge Frau kam zum Brunnen und trank von dem köstlichen Wasser. Franz stand schnell auf und stellte sich zu ihr. »Bist du hier aus der Stadt?«, fragte er.

Sie blickte ihn an und nickte. »Ja, ich wohne gleich da drüben. Aber du scheinst hier fremd zu sein.«

Franz nahm noch einen großen Schluck Wasser. »Das stimmt, ich bin unterwegs auf einer Wanderung, um die Welt kennenzulernen. Die Welt und vor allem die Menschen.« Er blickte sich um. Er sah Männer und Frauen mit Hüten und ohne. »Kannst du mir sagen, welche Kopfbedeckung hier vorgeschrieben ist?«

Sie schaute ihn erstaunt an. »Das ist eine lustige Frage. Hier kann jeder herumlaufen, wie es ihm gefällt. Mit so einem schwarzen Hut wie du«, dabei

grinste sie ihm augenzwinkernd zu, »oder mit einer anderen Farbe. Oder ganz ohne Hut.«

Franz nahm seinen Hut ab. »Ich habe gelernt, ein weißer Hut beschützt mich. Dann hieß es, nur der schwarze Hut bietet echten Schutz. Und jetzt sagst du, es ist egal. Was sagen denn eure Wachen dazu?«

Sie lachte und hielt sich kurz die Hand vor den Mund. »Die Wachen haben bei uns nichts mit der Kopfbedeckung zu tun. Sie achten darauf, dass im Brunnen immer frisches Wasser fließt. Sie sorgen dafür, dass niemand hungern muss. Und wenn es Streit gibt, dann versuchen sie zu schlichten.«

Franz hörte fasziniert zu, als sie erzählte. Er hatte plötzlich das Gefühl, dass er Abschied nehmen könnte von den weißen oder auch den schwarzen Hüten.

Sie setzte sich auf die Bank neben dem Brunnen. »Darf ich?«, fragte er höflich und setzte sich zu ihr.

»Wohin führt dich deine Wanderung noch?«, fragte sie neugierig. »Bleibst du ein paar Tage hier?«

Er blickte zur Sonne, die langsam unterging, zu der jungen Frau neben sich und zu den Menschen auf dem Platz. »Ich denke schon. Vielleicht bin ich endlich am Ziel angekommen.«

Sie drehte sich zu ihm und sah den schwarzen Hut in seiner Hand. »Hast du denn keine Angst?«

Er schüttelte den Kopf. »Nein, ich habe keine Angst!«

41. So wie früher

Wieder einmal saß sie auf der Bank vor dem Haus und dachte an früher. In Gedanken ging sie die alten Wege, immer wieder. Sie dachte an den Umzug. »Ob das die richtige Entscheidung war?« Sie ging weiter in ihre Kindheit. »Immer bin ich zu kurz gekommen!« Sie sah ihre Tochter, die einzige. Nach dem Streit vor Jahren war der Kontakt abgebrochen.

»Du lebst zu sehr in der Vergangenheit«, hatte eine Nachbarin kürzlich gesagt. Sie war müde aufgestanden und wieder ins Haus gegangen.

Ob es für sie auch neue Wege geben könnte? Bei den alten Wegen kannte sie sich aus. Die neuen waren ihr fremd. Plötzlich spürte sie eine Sehnsucht, die ihr beinahe unheimlich war. Sie lächelte versonnen. »Ich kann es ja mal versuchen!«

Sie holte Briefpapier und ihren alten Füller. »So wie früher!«, lächelte sie. Mit ihrer schönsten Schrift schrieb sie einen Brief auf Büttenpapier – an ihre einzige Tochter.

42. Vierundzwanzigmal »Ich freue mich«

Ich freue mich, weil nach jedem Tag, der zu Ende geht, ein neuer Tag beginnt.

Ich freue mich, weil ich auch an einem Regentag die Sonne in meinem Herzen spüre.

Ich freue mich, dass es Menschen gibt, mit denen ich mich gemeinsam freuen kann.

Ich freue mich, wenn ich nachts den Sternenhimmel betrachte und darüber staune.

Ich freue mich, dass immer wieder ein neuer Anfang möglich ist.

Ich freue mich, dass es mir öfter als früher gelingt, das Leben leichtzunehmen.

Ich freue mich, dass ich mich über das kleine Glück freuen kann.

Ich freue mich, dass es nicht nur die Erde gibt, sondern auch den Himmel.

Ich freue mich, dass ich nichts tun muss und alles tun darf.

Ich freue mich, dass ich ein Licht anzünden kann, wenn es dunkel ist.

Ich freue mich, wenn mir jemand sagt, dass er an mich gedacht hat.

Ich freue mich, dass es etwas gibt, wofür ich mich begeistern kann.

Ich freue mich, dass ich mich nicht über alles aufregen muss.

Ich freue mich, dass mir meine Seele die Sehnsucht nach dem Himmel schenkt.

Ich freue mich, dass ich mich über das Lachen der Kinder freuen kann.

Ich freue mich, wenn ich in den Spiegel schaue und ein fröhliches Gesicht erblicke.

Ich freue mich wenn ich die Erfahrung mache, dass es nicht nur verschlossene Türen gibt.

Ich freue mich, dass ich auch über mich selbst lachen kann.

Ich freue mich, wenn ich einem Menschen begegne, der Freude ausstrahlt.

Ich freue mich, dass ich niemals aufgehört habe, neugierig zu sein.

Ich freue mich, dass ich nicht nur mit den Augen, sondern auch mit dem Herzen sehen kann.

Ich freue mich über jedes Hindernis, das ich überwunden habe.

Ich freue mich, wenn ich mir Zeit nehme, den Sonnenuntergang mitzuerleben.

Ich freue mich, dass ich an jedem Tag etwas für meine Gesundheit tun kann.

Übrigens: Diese Liste kann beliebig fortgesetzt werden!

43. So ist Leben

Leben ist aufregend
und manchmal ziemlich eintönig.
Leben ist winzig klein
und gewaltig groß.
Leben ist gefährdet
und setzt sich immer wieder durch.
Leben ist tiefe Stille
und ein gewaltiges Brausen.

Ich bin Leben.
Ich begegne Leben.
Ich beobachte Leben.
Ich bin umgeben von Leben.
Ich werde genährt von Leben.
Ich zerstöre Leben.
Ich schütze und fördere Leben.
Ich werde getragen von Leben.

Ich lebe mein Leben.
Manchmal ist es ein einziges Abenteuer.
Dann wieder ist es ein großes Fiasko.
Es ist eine Herausforderung
und ein wunderbares Geschenk.
Es ist einfach und kompliziert.

Es ist ein Geheimnis
und ein großes Spiel.
Es ist Schmerz und Glück.

Ich lebe mein Leben.
Ich stolpere und tanze,
ich zögere und springe los.
Ich lache und weine.
Ich lebe mein Leben –
so wie alle Tage
und immer wieder anders.

Eines Tages, wenn ich meine,
nichts mehr zu hören,
nichts mehr zu spüren
und nichts mehr zu erwarten –
dann flüstert meine Seele
voller Hoffnung und Liebe:
Leben ist tiefe Stille
und ein gewaltiges Brausen.

44. »Überraschen Sie mich!«

Wir sind ungeheuer wichtig. Wir unterhalten uns am liebsten mit wichtigen Menschen und tun lauter wichtige Dinge. Und dann stehen wir eines Nachts allein irgendwo in der Dunkelheit und blicken in den gigantischen Sternhimmel. Da ploppt wie von allein die Frage auf: »Was ist eigentlich wichtig?«

Unser Kalender ist gefüllt mit lauter wichtigen Aufgaben. Wir haben umfangreiche, wichtige Verpflichtungen. Wir haben wichtige Ziele vor uns. Dann kommt etwas dazwischen, wir sind ratlos – und fragen uns: »Was ist eigentlich wichtig?«

Wir haben wichtige Informationen für die Firmenleitung. Wir arbeiten an wichtigen Texten für unsere Abteilung. Wir archivieren wichtige Unterlagen für die Ewigkeit. Dann wird die Firma verkauft, und wir fragen uns: »Was ist eigentlich wichtig?«

Wir fragen uns, ob es die falschen Maßstäbe sind, nach denen wir alles bewerten. Vielleicht blicken wir in die falsche Richtung und haben längst die Orientierung verloren? Vielleicht haben wir viel zu lange des Kaisers neue Kleider bewundert?

Manchmal müssen wir wohl die »wirklich wichtigen«
Dinge tun, damit unser Leben wieder ins Gleich-
gewicht gerät. Die »wirklich wichtigen« Dinge? Hier
ist eine kleine Auswahl:

Wir legen uns ins Gras und schauen fasziniert zu, wie
der Wind die Blätter bewegt.

Wir schlendern gemütlich über den Wochenmarkt,
ohne etwas kaufen zu wollen.

Wir setzen uns in der Stadt an eine belebte Ecke,
schließen die Augen und staunen über die vielen, unterschiedlichen Geräusche.

Wir verzichten in dem exotischen Restaurant auf
die Speisekarte und sagen: »Überraschen Sie mich!«

Wir stellen uns lachend ohne Schirm in den strö-
menden Regen und lassen das Wasser an uns herun-
terlaufen.

Wir stehen am Morgen drei Stunden früher auf, um
einmal mitzuerleben, wie die Stadt zu neuem Leben
erwacht. Nur die Stadt? Vielleicht erleben wir das
»Aufwachen« auch bei uns.

45. Es gibt Zeiten

Es gibt Zeiten in meinem Leben, in denen mir wunderbare Träume geschenkt werden. Sie zeigen mir, wie beglückend es sein kann, Ziele zu haben und einer Hoffnung zu folgen.

Dann wieder gibt es Zeiten, da denke ich nur daran, möglichst bald wieder gesund zu werden. Ich hoffe und bete und wünsche.

Es gibt Zeiten, da denke ich nur an einen Menschen in einer Notlage. Ich hoffe und bete und wünsche, dass alles wieder gut wird.

Es gibt Zeiten, da denke ich nur an die eine Stunde, den einen Tag und hoffe, dass eine positive Entscheidung getroffen wird.

Es gibt Zeiten, da bin ich in mir gefangen und hoffe, dass ich befreit von den Sorgen und Ängsten daraus hervorgehen werde.

Doch bald wird es Zeiten geben, in denen ich wieder träumen kann. Dann erlebe ich, dass es nichts Größeres und Schöneres gibt, als den eigenen Träumen zu folgen und dafür zu leben. Am Ende wird es gar nicht entscheidend sein, ob sie wahr werden oder nicht: Meine Träume verleihen mir Flügel.

46. Lauter bunte Steinchen

Zum Besuch einer großen Stadt gehört für mich auch das Eintauchen in die dortige Kunstszene. Gemälde, Plastiken, Fotos, moderne Installationen – in den zahlreichen Museen, Kunsthallen und Galerien gibt es überall interessante Kunstwerke.

Vor einigen Jahren war ich wieder einmal in Rom und besuchte dort eine große Mosaikwerkstatt. Das war für mich absolutes Neuland, eine faszinierende bunte Welt. Ich hatte die Möglichkeit, den Künstlern bei ihrer anspruchsvollen Arbeit zuzuschauen. Es gab dort unzählige kleine Fächer mit Steinchen und kleinen Glasstücken in den unterschiedlichsten Farben.

An einer Wand hing ein riesiges Mosaik, das bereits fertig war. Ich stand direkt davor und versuchte zu erkennen, um welches Motiv es sich handelte. Doch es gelang mir nicht. Ich sah nur lauter Farbpunkte. Unsicher blickte ich mich um.

Da kam eine der Künstlerinnen zu mir und gab mir den Tipp, einige Meter zurückzutreten. Ich tat es, vier, fünf, sechs Meter – und tatsächlich: Jetzt erkannte ich es. Es handelte sich um eine Abendmahlsszene. Sie erinnerte mich an das berühmte Wandgemälde von Leonardo da Vinci. Jesus saß in der Mitte, rechts und

links neben ihm seine Jünger. Ein wunderschönes, farbenprächtiges Bild aus lauter kleinen und kleinsten Steinchen.

Erst später wurde mir deutlich, dass so ein Mosaik ein gutes Symbol für mein Leben ist. An jedem Tag kommen kleine Farbpunkte hinzu, gewollt und ungewollt. Ab und zu merke ich, dass mein Lebensmosaik wieder ein wenig größer geworden ist. Es gibt neue Freudensprünge, düstere Gedanken, interessante Begegnungen und kleine »Hoffnungsstückchen«.

Manchmal sehe ich nur lauter kleine Farbpunkte. Ich bin enttäuscht, weil ich in allem keinen Sinn erkenne. Warum ist dies oder jenes passiert? Dann bin ich völlig ratlos und weiß nicht weiter. Ich habe die Orientierung verloren. Mein Leben kommt mir vor wie eine zufällige Ansammlung von verschiedenfarbigen Stückchen und nicht wie ein wunderschönes Gemälde.

Doch dann gibt es Augenblicke, in denen ich mehr sehe – gerade so, als wäre ich einige Meter zurückgetreten. Ich blicke auf mein Leben und beginne zu ahnen, dass es sich um ein fantastisches Kunstwerk handelt. Ich sehe, wie sich auch Enttäuschungen und Rückschläge, Umwege und Niederlagen in das Gesamtbild einfügen. Dann stelle ich mir vor, ein großer Künstler wäre hier am Werk gewesen und hätte aufgepasst, dass das Bild nicht aus den Fugen gerät, sondern immer schöner und farbenprächtiger wird.

47. Vernünftig

Ich will vernünftig sein.
Aber nicht zu vernünftig.

Ich will fröhlich lachen,
auch wenn viele der Meinung sind:
Das gehört sich jetzt nicht!
Ich will das wunderbar bunte Leben
schmecken, fühlen, auskosten.
Ich will endlich wieder ein Risiko eingehen,
eine verrückte Idee in die Tat umsetzen
und bereit sein, Fehler zu machen.
Ich will einen Traum verwirklichen,
auch wenn andere den Kopf schütteln
oder sich über mich lustig machen.
Ich will meine guten Vorsätze vergessen –
wenigstens ab und zu.

Ich will vernünftig sein.
Aber nicht zu vernünftig.

48. Die Abschiedsfeier

Ich bin schrecklich aufgeregt!«, rief Susanne so laut, dass es noch in der Küche zu hören war. Dort half ihre Mutter bei den Vorbereitungen für die große Abschiedsfeier. »In einer Stunde kommen schon die ersten Gäste!«

Susanne legte einen großen Bogen weißes Kartonpapier auf den Tisch im Wohnzimmer. Daneben verteilte sie verschiedenfarbige Filzstifte. Sie lächelte versonnen. »Ich bin gespannt, was heute Abend alles darauf geschrieben und gezeichnet wird«, sagte sie leise zu sich selbst.

Sie dachte zurück an die »verrückten« Wochen, die hinter ihr lagen. Die Jobzusage aus dem Süden war ihr wie der große Hauptgewinn vorgekommen. Doch schon bald hatten sich Ängste und Sorgen zu ihrer Begeisterung gesellt: Würde sie den Erwartungen der neuen Firma gerecht werden? Würde sie sich allein fühlen oder schnell Anschluss finden? War es überhaupt eine gute Idee, hier alles aufzugeben und in eine ferne Stadt zu ziehen?

Es klingelte an der Tür. Jörg und Gabi strahlten sie an. Er hielt einen bunten Blumenstrauß in der Hand. Susanne musste schlucken. Als es in der Ehe von den

beiden gekriselt hatte, war sie für ihn zur Ersatz-schwester und Seelsorgerin geworden – und immer wieder zur großen Mutmacherin.

Kurze Zeit später kam Emma. Mit ihr war Susanne schon zur Schule gegangen. Sie hatten sich all die Jahre nie aus den Augen verloren. Dann folgten Max und Luise, von denen immer noch niemand wusste, ob sie nun ein Paar waren.

Giuseppe war der Nächste. Er wohnte einen Stock über ihr und ließ es sich nicht nehmen, seine Nachbarin in den Arm zu schließen und fröhlich herum-zuwirbeln. »Es wird traurig hier ohne dich!«

Es dauerte noch eine gute halbe Stunde, dann war die Bude voll, wie Susannes Mutter anerkennend bemerkte. Sie freute sich für ihre Tochter.

Susanne nahm ihr Glas in die Hand und setzte zu einer kurzen Begrüßung an. »Ich freue mich, dass ihr gekommen seid, um meinen Abschied und Aufbruch zu feiern. Ihr seid alle so wunderbare Menschen, und ich weiß schon jetzt, wie sehr ich euch vermissen wer-de. Jetzt lasst uns erst einmal gemeinsam anstoßen!«

Noch einmal ergriff sie danach das Wort: »Wie ihr seht, liegt auf dem Tisch ein großes Blatt Papier. Da-raus soll während unserer Feier eine Art Plakat wer-den, das mich in der Ferne an euch erinnert. Bitte schreibt alle einen guten Wunsch für mich darauf. Und malt gern etwas dazu!«

Die Feier war wie im Flug vergangen. Susanne hatte viel gelacht und manche Träne verdrückt. Jetzt saß sie am Tisch und bewunderte das Kunstwerk, das entstanden war. Sie lächelte, als sie den Text von Giuseppe las. »Du wirst liebe Menschen finden, die dein Leben bunt anmalen. So wie du es bei mir getan hast.« Jedes seiner Worte war kunstvoll in einer anderen Farbe geschrieben.

Sie schluckte und las weiter. »Ich glaube an dich. Du wirst auch im Süden der große Hit! Ich besuche dich, versprochen!« Darunter stand groß: »EMMA«.

Max hatte sich mit seiner typischen krakeligen Schrift verewigt: »Du wirst uns fehlen. Mit dir zieht die Sonne weiter. Vergiss mich nicht!«

Susannes Wangen glühten. Sie war aufgewühlt und glücklich. Sie freute sich über jede kleine Zeichnung, jede Botschaft und jeden guten Wunsch. Dann entdeckte sie die Worte von Jörg und Gabi: »Du bist ein Glücksfall! Das werden schon bald auch die Menschen im Süden erleben. Danke für alles!«

Susanne stand auf und ging langsam in die Küche, wo ihre Mutter schon mit dem Abwasch begonnen hatte. »Mama, ich bin ein Glücksfall! Wie gefällt dir das?« Die Mutter versteckte schnell ihr Taschentuch in der Schürzentasche. »Das gefällt mir gut. Du bist tatsächlich ein Glücksfall, ganz bestimmt!« Dann nahm sie ihre Tochter fest in die Arme.

49. Schlaflos im Sorgenland

Wie oft habe ich mich schon geärgert, weil ich vor lauter Sorgen nicht einschlafen konnte! Ich habe darüber nachgedacht, was diesem oder jenem Menschen zustoßen könnte! Wie oft habe ich mir Sorgen gemacht, die sich nachträglich fast immer als unbegründet herausstellten!

Sie müssen sich jetzt keine Sorgen um mich machen. Meistens schlafe ich sehr gut, und ich weiß, dass Sorgen niemandem helfen. Sie ändern nichts an dem, was sowieso geschieht. Und sie halten mich davon ab, mein eigenes Leben zu leben.

Irgendwann hatte ich einen sonderbaren Traum: Ich war völlig allein und hatte keine Menschen an meiner Seite. Es gab niemanden, der mich liebte, und niemanden, von dem ich geliebt wurde. Als ich aufwachte, war meine erste Reaktion: Dann hätte ich auch niemanden, um den ich mir Sorgen machen müsste.

Seitdem sehe ich meine Sorgen anders. Ich meine die Sorgen, die ich mir um andere Menschen mache. Sie sagen mir: Ich bin nicht allein. Ich bin mit anderen verbunden. Es gibt Menschen, die mir wichtig sind und die ich liebe. Dann lächle ich und sage mir: Für irgendetwas sind die Sorgen also doch gut!

50. Mein Glaube

Im Laufe meines Lebens hat sich mein Glaube immer wieder gewandelt. Er wurde stärker und schwächer, größer und kleiner, selbstgerechter und bescheidener.

Früher sagte er mir, was ich tun, und vor allem, was ich lassen sollte. Er sagte mir, was erlaubt ist und was nicht. Er sagte mir, was gut und was böse ist. Er sagte mir, was sich gehört und was nicht. Er sagte mir, wie die Welt entstanden ist und wie sie funktioniert. Er sagte mir, wer zu uns gehört und wer nicht.

Ich komme mir heute nicht mehr so weise vor wie früher. Ich komme mir heute nicht mehr so sicher vor wie früher. Ich frage mich, was ist von meinen Überzeugungen geblieben? Vielleicht musste ich diesen Weg gehen, um zu dem zu finden, was für mich heute der Kern meines Glaubens ist. Der Kern des Glaubens, das ist das, was mich lebendig hält und mir Kraft gibt, meinen Weg zu gehen:

Wenn ich voller Angst in die Zukunft blicke, dann sagt mir mein Glaube: Fürchte dich nicht!

Wenn ich versagt habe und an mir selbst zweifle, dann sagt mir mein Glaube: Egal was geschieht – du bist Gottes geliebtes Kind.

Wenn ich meine, alles sei vorbei, dann sagt mir mein Glaube: Es geht erst richtig los.

Wenn ich mich einsam und verlassen fühle, dann sagt mir mein Glaube: Du bist nicht allein.

Wenn ich dasitze und aufgeben will, dann sagt mir mein Glaube: Steh auf und geh los!

Wenn ich mich einmal überfordert fühle, dann sagt mir mein Glaube: Du schaffst es!

Und wenn ich am Glauben zweifle, dann wehen die Worte zu mir herüber wie aus einer anderen Welt: »Ich zweifle nicht an dir.«

51. Verrückte Träume

Manchmal habe ich verrückte und völlig unrealistische Träume. Darin male ich die drohenden, schwarzen Wolken einfach bunt an.

Ich schnipse die schweren Steine und alle Trümmer, die den Weg schon so lange versperren, einfach in die Luft, bis sie zerplatzen wie Seifenblasen.

Ich trete dem Schmerz fröhlich entgegen und lache ihn an, bis er selbst vor Lachen das Gesicht verzieht.

Ich taste mich mutig vor in die Dunkelheit und zünde dort ein Licht nach dem anderen an, bis es überall taghell ist.

Ich nehme die zitternde Angst in den Arm und tanze mit ihr den Walzer meines Lebens.

Manchmal, wenn ich aus meinen verrückten, völlig unrealistischen Träumen erwache, springe ich aus dem Bett, blicke lachend aus dem Fenster und wundere mich, warum ich plötzlich so große Lust habe, den Walzer meines Lebens zu tanzen.

52. Der Leuchtturm

Dafür lebe ich,
so hast du oft gesagt.
Du hast gekämpft und viel gelächelt,
du wusstest, wer du bist
und wo du hingehörst.
Dein Leuchtturm gab die Richtung vor.
So einfach war das Leben.

Das Licht ging aus.
Der Turm verfiel.
Du fragst dich,
wo du hingehörst.
Magst nicht mehr kämpfen,
magst nicht lächeln,
und weißt nicht mehr,
wofür du lebst.

So viele Türme sind verfallen!
So viele Lichter sind verglüht!
Du schließt die Augen und bist still.

Da wird es langsam wieder heller –
Ein neuer Tag bricht für dich an.
Du suchst nicht länger in der Ferne.
Es leuchtet immer noch – in dir.

Du siehst das Licht,
kannst wieder lächeln.
Du fragst nicht mehr,
wofür du lebst.
Du bleibst im Licht.
So einfach ist das Leben.

53. In jedem Anfang

Und jedem Anfang wohnt ein Zauber inne«, sagt Hermann Hesse in seinem Gedicht »Stufen«. Ich liebe diesen Text. Ich bin dankbar für den Zauber des Anfangs, den ich schon so oft gespürt habe. Er fühlt sich ein wenig an wie das erste Mal Verliebtsein oder wie der Anblick einer unbekannten Landschaft, die mir den Atem nimmt. Er lässt mein Herz schneller schlagen. Er kann vieles möglich machen, was ich mir bis dahin nicht vorstellen konnte.

Wie oft habe ich Menschen erlebt, die sich gern verzaubern ließen! Sie begannen noch einmal von vorn. Sie erlebten eine neue Liebe. Sie setzten alles auf eine Karte. Sie ließen alles hinter sich und stürzten sich ins große Abenteuer. Sie blühten auf.

Viele haben den neuen Anfang niemals bereut. Im Gegenteil, sie sind dankbar, den entscheidenden Schritt getan zu haben. Sie genießen ihr neues Leben, ihre neue Liebe, ihr großes Abenteuer.

Manche jedoch sind nach einem Neuanfang bald in ein großes Loch gefallen. Sie haben das Alte verloren, ohne etwas Neues zu gewinnen. Sie waren ernüchtert, als der Zauber verblasste. Sie machten sich bittere

Vorwürfe. Vielleicht sagen sie heute mit einem weh-mütigen Lächeln: »Ich habe es wenigstens versucht!« Oder aber: »Warum habe ich das nur getan?«

»Jedem Anfang wohnt ein Zauber inne«, das kann Kräfte freisetzen und Mut machen. Aber neben dem Zauber ist da oft auch die Angst, die uns sagt: »Über-leg es dir gut« oder »Will und kann ich das wirklich?«. Die Angst kann zur Freundin oder zum Feind wer-den. Sie kann uns retten oder lähmen.

Wie oft habe ich Menschen erlebt, die vor lauter Angst immer wieder das Leben verpasst haben! Die Angst wurde ihr Feind. Sie ist irgendwann übermächtig ge-worden.

Dann ist es Zeit, ihr ins Gesicht zu blicken. »Liebe Angst, es ist gut, dass es dich gibt. Aber du sollst keine Macht mehr über mich haben!« Und vielleicht kommt eine Antwort, leise und heiser: »Ich will dir ja so gern helfen. Aber mein Problem ist, dass ich oft furchtbar übertreibe und dich lähme! Das ist nicht gut. Eigent-lich will ich viel lieber deine Freundin sein. Hilfst du mir dabei, indem du mich nicht ganz so ernst nimmst?«

54. Mut-Mach-Tee

Ellie, Marie und Biene waren Schulfreundinnen, die damals ihre gesamte Freizeit miteinander geteilt hatten. Aber das war lange her. Jede von ihnen lebte längst ihr eigenes Leben. Bis – ja, bis sie sich vor einem Jahr zum ersten Mal nach fast 50 Jahren wieder mal getroffen hatten. Bei Ellie hatten sie zusammengesessen, viel von früher erzählt, aber auch ihre Sorgen geteilt und darüber gesprochen, wie schwer die Zeiten sind und wie oft die Angst ihr einziger Begleiter ist. Etwas niedergedrückt kamen sie sich vor nach diesem Zusammentreffen. Dennoch war es schön gewesen, sich wiederzusehen. »Nächstes Jahr treffen wir uns bei Marie!«, hatten sie am Ende vereinbart.

Inzwischen war der Termin näher gerückt. Marie dachte an die Freundinnen und begann zu grübeln. Sie wollte nicht noch einmal über all die Probleme sprechen und darüber, dass sich seit damals alles zum Negativen verändert hätte. »Ich wünsche mir, dass wir fröhlich sind und uns nicht von Ängsten und Sorgen unser Treffen verderben lassen«, sagte sie zu sich – und begann dabei plötzlich zu lächeln. Mit einem Mal freute sie sich richtig auf das Wiedersehen.

Als die Freundinnen bei Marie ankamen, waren sie völlig überrascht von der fröhlichen Dekoration. Von einer Leine hingen lauter bunte Papierlaternen herab. Auf dem Tisch stand buntes Geschirr. An der Wand hing ein Plakat, darauf stand: »Worauf ich mich freue …«

Marie gab Ellie und Biene einen Filzstift in die Hand. Die verstanden sofort. Alle drei begannen zu schreiben und zu zeichnen. »Auf den Sommer«, schrieb Ellie und zeichnete ein paar Blümchen dazu. »Auf unsere Gespräche«, ergänzte Biene, und fügte noch hinzu: »Spazieren am Weiher« und »Lesen auf dem Balkon« … bald war das Plakat von oben bis unten voll mit bunten Ideen und Vorhaben.

Als sie schließlich am gedeckten Tisch saßen, goss Marie den Tee ein. »Das ist mein neuer Mut-Mach-Tee, aus dem Teeladen an der Ecke. Und die Stern- und Sonnenkekse habe ich selbst gebacken. Der Kuchen ist vom kleinen Bäckerladen die Straße runter und wirklich lecker.«

Sie ließen sich den Tee, die Kekse und den leckeren Kuchen schmecken. Danach lächelte Marie und sagte: »Ich habe mir Folgendes überlegt für die nächsten zwei Stunden: Heute erzählen wir uns lauter Mut-Mach-Geschichten. Vielleicht sogar selbst erlebte! Wer will mal anfangen?« Die Freundinnen waren von dem Vorschlag zunächst etwas überrascht. Doch nach kurzem Überlegen begannen sie zu strahlen.

Ellie begann: »Ich kenne sogar mehrere solcher Geschichten. Ich fange mal mit dem Winter an, als es gar nicht mehr aufhörte zu schneien. Plötzlich kamen alle Nachbarn aus ihren Häusern und …«

Es war längst dunkel geworden. Biene schaute auf die Uhr. »Schon so spät! Unglaublich, wie schnell die Zeit vergangen ist! Danke für so viele wunderbare Mut-Mach-Geschichten. Das sollten wir nächstes Jahr auf jeden Fall wieder machen!«

55. Wie ich das Loslassen lernte

Ich habe vieles in meinem Leben gelernt. Manches fiel mir erstaunlich leicht, anderes war eher anstrengend und manchmal auch schmerzhaft. Besonders schwer fiel mir lange Zeit das Loslassen. Loslassen ist schließlich oft mit Angst verbunden.

Irgendwann wurde mir deutlich, dass ich auch etappenweise loslassen kann. Ich muss nicht sofort auf alle ungesunden Genüsse verzichten. Ich muss mich nicht von allen Erinnerungsstücken auf einmal trennen. Ich muss nicht heute schon alles ändern.

Dann begann ich damit, einige verstaubte Andenken und nicht mehr benutzte Kleidungsstücke zu verschenken. Andere behielt ich noch eine Weile. Ich begann, meine hohen Erwartungen an mich selbst loszulassen: Ich muss und kann nicht alles richtig machen. Ich muss nicht alles wissen und verstehen. Ich muss nicht immer der Erste sein. Manche falschen Glaubenssätze ließ ich los. Das war ein langer Prozess mit etlichen Rückschlägen. Und ich ließ alte Verletzungen los. Ich hörte auf, anderen etwas nachzutragen.

So lernte ich, Überflüssiges und Belastendes loszulassen. Dabei stellte ich fest, dass Loslassen meistens kein Verlust ist, sondern ein Gewinn. Ohne Loslassen kann nichts Neues beginnen. Ohne Loslassen gibt es kein Wachstum.

Und doch stapelte sich zu Hause noch immer etwas, das ich einfach nicht weggeben konnte. Mein kostbarster Besitz:

Berge von Sorgen füllten die Regale.

Meine Ängste fanden sich in allen Ritzen.

Vorurteile lauerten gleich hinter der Tür.

Also erinnerte ich mich an das, was ich gelernt hatte.

Stück für Stück, eines nach dem anderen, ließ ich los.

Es tat weh.

Doch die Lasten wurden leichter,

und mit jedem Schritt wurde ich freier.

56. Das und noch viel mehr

Heute will ich mich auf das konzentrieren, was ich habe, statt auf das, was mir fehlt. Ich hätte gar nicht gedacht, dass es so viel ist:

Ich genieße die Sonnenstrahlen.
Ich spüre eine Hand auf meiner Schulter.
Ich atme tief durch.
Ich freue mich über den Besuch.
Ich vertiefe mich in ein inspirierendes Buch.
Ich vertraue dem Licht in mir.
Ich höre eine wunderschöne Musik.
Ich freue mich über die Wunder der Natur.
Ich schließe die Augen und fühle mich geborgen.
Ich blicke zurück auf gute Jahre.
Ich fühle mich mit allem Leben verbunden.

Und was ist mit dem, was mir fehlt?

Das hat Zeit – daran denke ich vielleicht morgen wieder!

57. Die Farbe Schwarz

Früher war er einmal ein »bunter Vogel« gewesen. Er hatte das Leben geliebt, war immer guter Laune und für jeden Spaß zu haben gewesen.

Doch irgendwann stellte seine Schwester fest, dass er sich veränderte. Es begann mit der Kleidung. Er trug plötzlich schwarze Hosen, was ihm früher nicht im Traum eingefallen wäre. Dann kamen die schwarzen Shirts dazu und das schwarze Jackett. Irgendwann war er schwarz von oben bis unten. Auf ihren fragenden Blick hin murmelte er verlegen: »Schwarz passt zu Schwarz. Da muss ich morgens nicht lange überlegen, wie ich meine Garderobe kombiniere. Es macht das Leben so viel einfacher. Mehr steckt wirklich nicht dahinter.«

Sie war von seiner Antwort nicht so recht überzeugt. »*Wie ich meine Garderobe kombiniere*«, wiederholte sie still, »das ist doch nicht seine Sprache!«

Bald war es nicht mehr nur die Kleidung. Seine Mundwinkel zeigten immer weiter nach unten. Er machte einen völlig lustlosen Eindruck. Er zog sich immer mehr vom Leben zurück. War nur noch ein Schatten seiner selbst. Er hatte sich endgültig seiner Kleidung angepasst.

Sie besuchte ihn weiter regelmäßig. Einmal sagte er mit müder Stimme: »Ich wollte gern ein cooler Künst-

ler in Schwarz sein. Aber es geht mir nicht gut dabei. Manchmal denke ich an früher zurück. Da war ich so gut drauf wie du heute. Aber du hast ja auch Familie. Du hast zwei tolle Kids. Irgendwie beneide ich dich.«

Zu seinem nächsten Geburtstag brachte sie die Kinder mit. Sie gingen seit einiger Zeit in die Schule und waren fröhlich und auch ziemlich frech. Sie tobten lachend um ihren Onkel herum. Er genoss den Besuch und die Ausgelassenheit der Kleinen.

Als sie sich verabschiedeten, sagte er zu seiner Schwester: »Komm bald wieder. Und bring gern die Kinder mit!«

Sie lächelte. »Mach ich, bestimmt! Jetzt habe ich ganz vergessen, dir dein Geschenk zu überreichen. Wir haben es gemeinsam ausgesucht.« Dabei blinzelte sie den Kindern zu.

Als er wieder allein war, nahm er zögernd das Päckchen in die Hand. Es war in buntes Papier eingewickelt. Darauf klebten ein Herz und ein Glückskäfer. Er kniff die Augen zusammen. Dann wickelte er es unsicher aus. Hervor kam ein buntes Hemd mit bunten Papageien und bunten Schmetterlingen. Er kniff die Augen noch intensiver zusammen, verzog den Mund und schüttelte den Kopf. »Das geht gar nicht!«, sagte er leise. »Niemals!«

Er legte das Hemd auf den Tisch im Wohnzimmer. Immer wieder sah er es an. »Verrückt! So ein verrücktes, buntes Hemd!«

Nach zwei Stunden lag es immer noch dort. Er sah hin und grinste plötzlich wie ein kleines Schulkind, das frech und fröhlich ist. »Ich könnte es mal anprobieren. Zum Glück sieht mich ja niemand!«

58. Die Liebe zum Leben

Du kennst sie gut,
diese besonderen Tage
zwischen laut und leise,
Schmerz und Freude,
Hitze und Kälte,
langsam und schnell.

Du bist hin- und hergerissen
zwischen oben und unten,
allein und gemeinsam,
hart und weich,
Lachen und Weinen.

An diesen besonderen Tagen
fühlst du dich
so lebendig wie selten.
Du spürst deine innere Kraft,
deine Liebe zum Leben
und das Vertrauen darauf,
dass alles gelingen wird.

59. Streicheleinheiten

Ich liebe Aphorismen. Das sind kurze Sinnsprüche und Lebensweisheiten, die bewusst zugespitzt sind und uns zum Träumen, Lächeln oder Nachdenken bringen wollen. Oft sogar zu allem auf einmal.

Aphorismen sind kurz und auf erfrischende Weise einseitig. Sie wägen nicht ab. Sie sagen nie die ganze Wahrheit (darin gleichen sich sehr kurze und sehr lange Texte).

Es gibt Aphorismen, die unsere Seele streicheln, und andere, die uns vom gemütlichen Ofen verscheuchen wollen. Schließlich brauchen wir doch beides, die Streicheleinheiten und die Herausforderungen: »Du darfst sein, wie du bist« ist ebenso wichtig wie »Jetzt hör endlich auf zu jammern und leg los!«.

Ich mag Streichelsätze wie »Genieße den Augenblick« oder »Ein Lächeln verbindet«. Aber manchmal kann ich sie nicht mehr hören, weil sie mich einlullen und ich etwas völlig anderes brauche. Dann fehlt mir vielleicht gerade der berühmte »Tritt in den Hintern«. Dann ist es Zeit, dass ich mich vom gemütlichen Ofen verscheuchen lasse.

Für alle, die ähnlich empfinden, habe ich ein paar Aphorismen gesammelt, die uns aufwecken und in Gang bringen können. Machen Sie mit?

Beginnen wir mit einem Spruch von Florence Nightingale (1820 bis 1910), dem »Engel der Barmherzigkeit« und der Pionierin der modernen Krankenpflege. Sie sagte: »Wenn man mit Flügeln geboren wird, sollte man alles dazu tun, sie zum Fliegen zu benutzen.«

Der Satz beginnt mit einer Streicheleinheit. Er schmeichelt mir: Ich bin mit Flügeln geboren. Ist das nicht wunderbar? Doch dann kommt die Herausforderung: Was nützen mir die Flügel, wenn ich sie nicht benutze? Es ist höchste Zeit zu fliegen!

Von dem italienischen Dichter und Philosophen Dante Alighieri, der von 1265 bis 1321 lebte, stammt der Satz: »Der eine wartet, dass die Zeit sich wandelt, der andere packt sie an und handelt.« Die Leute hinter dem Ofen schneiden bei ihm nicht gut ab. Sie sitzen da, warm und gemütlich, und warten ab, dass sich etwas ändert. Ich fühle mich ertappt. Mein Gewissen meldet sich. Schnell versuche ich, etwas zu meiner Entschuldigung zu sagen, vielleicht: »Muss ich mich denn sofort entscheiden?« Aber ich weiß genau, dass die Entschuldigung nicht zählt. Mein Gewissen ist geweckt.

Jetzt kommt ein Spruch von dem großen Dichter Johann Wolfgang von Goethe (1749 bis 1832). Goethe passt schließlich immer. »Aller Anfang ist leicht, und die letzten Stufen werden am schwersten und seltensten erstiegen.« Ich stutze. Hat sich da nicht ein Fehler eingeschlichen? Wir alle kennen das alte Sprichwort: »Aller Anfang ist schwer.« Dabei denken wir vielleicht ans Klavierspielen oder an eine Fremdsprache. Wir machen uns mit dem Satz Mut, dass es mit der Zeit bestimmt besser und leichter geht. Irgendwann spielen wir fehlerfrei eine kleine Melodie oder bestellen in Frankreich »du pain« und »du fromage« und bekommen tatsächlich Brot und Käse.

Aber wir wissen auch, dass zwar viele etwas anfangen, doch nur wenige durchhalten. Die Klaviernoten sind längst zur Seite gelegt, und wir kommen im Urlaub auch ganz gut mit Englisch zurecht. Stimmt's?

Der Anfang ist also leicht, relativ leicht. Auch hinter dem Ofen ist so mancher Anfang möglich. Solange es warm und sicher und angenehm ist!

Ich fühle mich schon wieder ertappt. Ich komme nicht länger an der Frage vorbei, ob auch ich nach dem leichten Anfang aufgebe – oder ob ich bereit bin, auch die schweren Stufen zu ersteigen. Aber das geht nicht mehr hinter dem Ofen. Das geht nur draußen bei Regen und Sturm.

60. Lose ziehen

Einmal im Monat besuchte die Großmutter die Familie ihrer Tochter. Besonders die Zwillinge, neun Jahre alt, freuten sich darauf. Oma brachte immer ein kleines Geschenk für die beiden Mädchen mit.

Manchmal kam bei den Besuchen richtig gute Stimmung auf. Oma konnte herrlich lachen und lustige Dinge erzählen. Manchmal aber war sie schlecht gelaunt und konnte sich über vieles ärgern.

Bei einem Besuch fragten die Zwillinge keck: »Oma, warum hast du mal so gute Laune und bist mal so traurig?«

Die Großmutter überlegte, lächelte kurz und kaum sichtbar und wandte sich den Mädchen zu. »Meine Fee zieht jedes Mal, bevor ich zu euch komme, ein Los. Mal steht ›traurig‹ drauf, mal ›fröhlich‹ und mal ›ärgerlich‹. So ist das. Gegen das Los kann ich mich nicht wehren!«

Die beiden schauten sich mit großen Augen an. »Gibt es noch mehr Lose, Oma?«

Sie überlegte. »Es gibt zehn verschiedene Lose. Auf ihnen steht: glücklich, fröhlich, lustig, mutig, ausgelassen, oder aber traurig, ärgerlich, gelangweilt, eingeschnappt oder ungerecht.«

Als am Abend die Zeit zum Abschied kam, waren die Zwillinge ganz aufgeregt. »Oma, wir haben uns die Worte aufgeschrieben. Wir machen zehn Lose für dich. Wenn du uns wieder besuchst, ziehst du am Anfang ein Los. Dann muss sich deine Fee nicht mehr anstrengen.«

Sie umarmte die beiden und rief ihnen beim Gehen noch zu: »Was für eine wunderbare Idee!«

Beim nächsten Besuch bewunderte die Großmutter das kleine Kästchen, in dem sich zehn sorgfältig gefaltete Lose befanden. Aufgeregt griff sie sich eines und öffnete es. »Hier steht ›fröhlich‹, da haben wir aber Glück gehabt!«

Einen Monat später zog sie das Wort »ausgelassen«, und auch das wurde ein fantastischer Besuch. Beim nächsten Mal stand »mutig« auf dem Los. Da musste Oma wohl oder übel mit über die baufällige Brücke laufen, die den Bach hinterm Haus überquerte.

Vor dem Schlafengehen fragte die Mutter die beiden Zwillinge: »Das ist ja sonderbar! Oma zieht immer nur gute Lose! Stimmt etwas mit den Losen nicht?«

Die Zwillinge kicherten.

»Wir konnten uns nicht einigen, wer die guten und wer die schlechten Dinge auf die Lose schreiben darf. Also haben wir beide nur die guten Dinge aufgeschrieben.«

STEREO

SIDE A

MIX #3

61. Gute-Laune-Musik

Ellie hatte sich endlich wieder einmal aufgerafft, ihre Freundin Bea zu besuchen. Die freute sich. »Schön, dass du gekommen bist! Los, erzähl, wie geht es dir?«

Ellie stöhnte kurz auf. »Weißt du, ich verstehe mich selbst nicht. Ich bin so bedrückt und sehe überall dunkle Wolken. Ich mache mir ständig Sorgen. Aber jetzt freue ich mich, dass ich bei dir bin. Deine gute Laune ist immer so ansteckend.«

Bea kochte einen Tee. »Das ist meine persönliche Mischung, die wird dir guttun. Komm, wir setzen uns gleich hier an den Küchentisch, da ist es am gemütlichsten.«

Ellie versuchte ein wenig zu lächeln, doch es war deutlich zu erkennen, dass sich die dunklen Wolken über ihr noch nicht verzogen hatten. Plötzlich hatte Bea eine Idee: »Ich spiele dir einen Song vor, den ich obercool finde.« Sie musste über ihre Wortwahl lachen. »Also, es ist ein richtiger Gute-Laune-Song.«

Es dauerte keine Minute, da sah es aus, als hätte die Musik schon einen Teil der Wolken weggepustet. Ellie schnippte den Takt mit und strahlte die Freundin an. »Tatsächlich, das macht gute Laune!«

Als die letzten Töne verklungen waren, war keine

Wolke mehr zu sehen. »Das ist erstaunlich!«, sagte Ellie und schüttelte immer noch überrascht den Kopf. »Die Musik geht sofort ins Herz.«

Bea lachte und fügte hinzu: »Ins Herz und in die Finger und die Beine. Wetten, dass?«

Sie spielte den Song noch einmal. Dieses Mal sprangen beide spontan auf. Sie tanzten ausgelassen zur Musik, und als Bea begann, lautstark mitzusingen, stimmte Ellie sofort ein.

Völlig ausgepowert lagen sich die Freundinnen hinterher in den Armen. »Schön, dass du wieder lachen kannst!«, strahlte Bea. »Mein Gute-Laune-Song scheint die dunklen Wolken vertrieben zu haben. Jeder Mensch braucht doch Musik, oder?«

Ellie nickte. »Ja, jeder braucht Musik. Musik und gute Freunde!«

62. Wo ist die Hoffnung?

Hanna hatte viele Jahre lang engagiert in der Umweltgruppe ihrer Gemeinde mitgearbeitet. Sie hatte zusammen mit den anderen Bäume gepflanzt, gegen den Einsatz von Pestiziden demonstriert und Vorträge in Schulen gehalten. Sie war von der guten Sache überzeugt und begeisterte auch andere, mitzumachen und sich der Gruppe anzuschließen.

Doch irgendwann ließ ihr Engagement nach. Zuerst hatte es kaum jemand gemerkt. Doch bald war immer häufiger von ihr zu hören: »Es hat doch alles keinen Sinn! Was erreichen wir schon? Die Welt können wir nicht ändern.«

Hanna lachte kaum noch. Sie wurde immer verschlossener. »Was ist mit dir?«, wurde sie manchmal gefragt. Dann zuckte sie mit den Schultern. »Was soll's? Ich glaube, ich habe resigniert. Ich mag gar nicht mehr an die Zukunft denken.«

Es tat weh, mit anzusehen, wie sie sich selbst aufgab und immer mehr zurückzog. Sie wollte oder konnte nicht mehr. Wo war nur ihre Hoffnung geblieben?

Ob Hanna mit ihrer Einschätzung, alles habe keinen Sinn, recht hatte? Die Umweltgruppe existierte weiter. Die anderen gaben nicht auf, sondern setzten sich

weiter für eine gesunde Natur ein. Es waren die vielen kleinen Schritte, die ihnen immer wieder Mut machten: Da war der »Tag der Bienen«, an dem sie eine Ausstellung organisierten und sich über einen großen Artikel in der Zeitung freuen konnten. Da waren mehrere Jugendliche, die sich der Gruppe anschlossen. Da war die gemeinsame Liebe zur Natur, die sie weiter verband. Da waren die vielen kreativen Ideen. Da waren die aufmunternden Worte, die sie sich gegenseitig zusprachen.

Zwei Jahre später kam Hanna wieder. Die Umweltgruppe feierte ein kleines Jubiläum. Die Freude über ihr Kommen war groß. Sie hatte den anderen gefehlt. Als jemand fragte, wie es ihr ging, sagte sie leise: »So ganz ohne geht es wohl doch nicht!«

Die Rückfrage kam sofort: »Ohne was?«

Da lächelte Hanna, fast so wie früher: »Na, ohne die Gruppe. Ohne euch alle. Und vor allem – ohne die Hoffnung!«

63. So wie damals

Jörg hatte liebevoll seinen Arm um sie gelegt, so wie er es vor 54 Jahren zum ersten Mal getan hatte. Sie spazierten unten am Fluss entlang, so wie damals.

Anke war seine Traumfrau, auch noch nach so langer Zeit. Doch sie lächelte heute nicht, als er neben ihr ging. Sie sah müde aus.

»Wir hatten schöne Jahre miteinander«, sagte sie unvermittelt.

Er sah sie erschrocken an. »Haben wir doch immer noch!«, antwortete er mit Nachdruck.

»Ich weiß nicht«, gab sie zurück.

Er blieb stehen. »Fehlt dir etwas?«

Sie blickte wie in weite Ferne. »Ich weiß es nicht.«

Jörg streichelte sie zärtlich. »Liebst du mich noch?«, fragte er. Jetzt lächelte sie zum ersten Mal an diesem Tag. »O ja, ich liebe dich immer noch.« Er hakte sofort nach: »So wie damals?« Sie lächelte wieder. »Ja, so wie damals. Und noch ein bisschen mehr!«

Sie gingen weiter. Nach einiger Zeit fragte er: »Liebst du das Leben?« Sie blieb stehen. »O ja, ich liebe das Leben. Ich liebe die Sonne und das Wasser, die Natur und den Humor und …« Sie lachte laut. »Eigentlich alles!«

Jörg legte wieder seinen Arm um sie. »Liebst du die Menschen?« Sie nickte heftig. »O ja, die Menschen liebe ich. Und einige ganz besonders. Wir haben so wunderbare Kinder und Enkel und fantastische Freunde und …« Sie lachte wieder. »Eigentlich fast alle Menschen!«

Jörg strahlte. Er blickte ihr liebevoll in die Augen. »Jetzt bin ich aber erleichtert. Und ich dachte schon, dir fehlt etwas …«

64. Die schönste Zeit im Jahr

Meine Nachbarin kam kurz herüber, um mir die Schlüssel zu bringen. »Die Blumen habe ich heute Morgen ordentlich gegossen. Das reicht für die ersten Tage. Die Post kannst du einfach auf den Tisch legen.« Sie ging zur Tür. »Wir freuen uns so auf den Urlaub am Wasser!« Noch einmal drehte sie sich um. »Ich finde, der Sommer ist die schönste Zeit im Jahr! Das geht dir bestimmt auch so!«

Als sie gegangen war, überlegte ich noch lange. Meine liebste Jahreszeit ist – ja, welche ist es eigentlich? Irgendwie mag ich sie alle.

Ich mag den Winter. Dabei denke ich an den Frost, der aus dem Norden zu uns weht, an den gefütterten Wintermantel und die Wanderung durch die Kälte, vielleicht sogar durch den Schnee, wenn es denn welchen gibt. Ich sehe mich zurückkommen und freue mich schon auf den heißen Tee als Belohnung.

Häufiger als zu anderen Zeiten ziehe ich mich dann zurück, betrachte fasziniert den Bücherstapel, der auf mich wartet, und schreibe wieder Briefe von Hand, so wie früher. Ich denke über vieles nach und ordne nicht nur meine Gedanken. Ich mache es wie die Natur, ich verfalle in eine Art Winterschlaf.

Irgendwann im Februar habe ich dann den Eindruck, dass der Winter nie aufhört. Doch ich schmunzle wissend, denn auf den Frühling kann ich mich verlassen. Er kommt bestimmt – erst zögernd, dann mit Macht. Die Menschen wachen aus dem Winterschlaf auf. Alles drängt nach draußen, am liebsten in die Natur. Die Stimmung hellt sich auf, die düsteren Gedanken sind wie von Geistermund weggeblasen. Die Landschaft verändert sich zusehends und wird täglich bunter, so als hätte ein Maler großzügig Farbe verteilt. Es ist eine herrliche Zeit des hoffnungsvollen, mutigen Aufbruchs.

Im Sommer hat die Natur ihren Jahreshöhepunkt erreicht. Ich denke an unsere Nachbarn und ihren herbeigesehnten Urlaub am Wasser. Viele Menschen sind jetzt nur noch selten in ihrer Wohnung. Es wird draußen gewandert und gespielt, gegessen und getrunken. Und selbst abends ist es im Freien noch angenehm warm. Ach, könnte es doch immer so sein! Oder lieber doch nicht?

Stimmt, es kommt ja schon der Herbst. Die Zeit der Ernte. Die Märkte sind voller Schätze: Gemüse, Früchte, Kräuter und Gewürze in allen Farben und mit den unterschiedlichsten Gerüchen. Jetzt ist die beste Zeit für Genießer. Doch langsam wird es bereits wieder kälter. Ein Hauch von Melancholie hängt in der Luft.

Herbst heißt immer auch Abschied nehmen. Auf langen Spaziergängen trotzen alle großen und kleinen Abenteurer dem Sturm.

Bald ist wieder Winter. Zeit, es sich zu Hause gemütlich zu machen. In den Fenstern leuchten bunte Lichter, und ich freue mich auf Weihnachten …

Ich finde tatsächlich, jede Jahreszeit hat ihren besonderen Reiz. Das empfinden wir auch deshalb so intensiv, weil jede Zeit, und sei sie noch so schön, bald wieder vergeht und etwas Neues beginnt. Die Jahreszeiten sind ein wunderbares Geschenk des Himmels, um den Menschen zu zeigen, dass jede Zeit kostbar und wertvoll ist.

Ich höre den Wagen der Nachbarn. Sie sind abgefahren und freuen sich aufs Wasser. Ich stehe immer noch da und denke über den Wechsel der Jahreszeiten nach. Plötzlich spüre ich eine unendliche Dankbarkeit für die Zeit, die mir geschenkt ist – für Frühling, Sommer, Herbst und Winter.

65. Der Engel der Zuversicht

Meinen Engel der Zuversicht habe ich noch nie gesehen. Er ist da, ganz bestimmt, aber ich glaube, er will nicht erkannt werden. Trotzdem, oder gerade deshalb, stelle ich mir immer wieder vor, wie er wohl aussieht. Wenn ich mir ein Bild von ihm mache, dann sehe ich sonderbarerweise nicht zuerst seine goldenen oder schneeweißen Flügel. Ich sehe auch nicht seine wunderschön leuchtenden Augen. Ich sehe nur seine Arme.

Ich bin sicher, dass er seine Arme weit ausstrecken kann, sehr, sehr weit – wohin auch immer. Dann zeigt er deutlich in eine Richtung und flüstert mir aufmunternd zu: »Siehst du, dort? Der Weg geht weiter. Das Ziel liegt vor uns. Du darfst Vertrauen und Geduld haben. Schau noch einmal genau hin, präge es dir ein, und dann geh deinen Weg weiter!«

Dann führt er den Arm, den rechten oder den linken, wieder zurück und wartet liebevoll darauf, dass ich weitergehe. Wenn ich den ersten Schritt wage, strahlt er und freut sich so wie Kinder zu Weihnachten. Wenn ich mich nicht traue und stehen bleibe, lächelt er mir aufmunternd zu und legt einen Arm auf mei-

nen Rücken. Seine Kraft geht mir durch und durch. In seinem Arm gehe ich plötzlich gerade und aufrecht und höre dabei die Worte: »Warum nicht gleich so?«

Manchmal spüre ich besonders intensiv, wie kräftig seine Arme sind. Das geschieht immer dann, wenn ich die Zuversicht verliere und aufgeben will. Dann sitze ich wie ein begossener Pudel müde und ausgelaugt auf dem Boden und bemitleide mich selbst.

»Ich kann nicht mehr. Es hat doch alles keinen Sinn!«

Dann reicht er mir seinen starken Arm – vielleicht auch beide – und sagt: »Komm! Wir schaffen es gemeinsam!« Ich lege meine Hände in seine, mehr nicht, und spüre die Kraft der Zuversicht. Sie richtet mich auf – und ich gehe und laufe und stolpere und lache und gehe weiter.

Ich habe ihn noch nie gesehen, meinen Engel der Zuversicht. Wenigstens bis vor Kurzem. Da traf ich ihn unten im Hof. Er stellte sein altes Fahrrad ab. Als er mich sah, fragte er: »Na, was geht ab?« Ich blickte ihn erstaunt an. Dann erzählte ich von meiner Angst vor dem Vorstellungsgespräch am nächsten Tag. »Ich glaube, das geht schief. Ich mag gar nicht daran denken.«

Er schloss sein Fahrrad ab, dann begleitete er mich zum Hauseingang. Dabei klopfte er mir kurz auf die

Schulter, vielleicht etwas zu heftig, und sagte ruhig: »Ach was. Es geht bestimmt gut!«

Ich sah ihn nie wieder.

Übrigens: Er hatte recht!

66. Wer fängt den größten Fisch?

Manchmal komme ich mir vor wie auf der Jagd. Ich sammle Kontakte und Likes. Ich bin erst zufrieden, wenn mein Kalender bis oben hin gefüllt ist. Ich versuche, noch mehr zu schaffen und zu leisten. Ich überlege, welches Reiseziel auf meiner persönlichen Weltkarte noch fehlt.

Das Jagdfieber ist uns Menschen wohl angeboren. Und die Erfolge und Trophäen, die wir dabei erzielen und gewinnen, können zutiefst beglückend sein. Die »Jagd« ist ein wichtiger Teil unseres Lebens.

Doch in manchen Situationen habe ich den Verdacht, dass es die Angst ist, die mich antreibt, wenn ich auf der Jagd bin. Die Angst sagt mir: Pass auf, dass du nicht zu kurz kommst! Zeig den anderen, was du kannst! Lass nicht zu, dass du hinterherläufst!

Angst tut nicht gut, das weiß ich längst. Ich will dafür sorgen, dass ich beim Jagen nicht auf der Strecke bleibe. Ich muss nicht immer als Erster ankommen oder den größten Fisch an Land ziehen.

Wenn ich fürchte,
das Leben zu verpassen,

dann will ich nicht immer mehr tun,
sondern mich auf das Wesentliche beschränken.
Ich will nicht immer höher hinaus,
sondern in die Tiefe gehen.
Ich will nicht immer schneller laufen,
sondern mein persönliches Tempo finden.
Ich will nicht immer mehr erleben müssen,
sondern intensiver leben.

Manchmal ist weniger tatsächlich mehr.

67. Wenn der Hausmeister kommt

Ich erinnere mich an viele Sitzungen, die sich endlos in die Länge zogen, ohne zu einem Ergebnis zu kommen. So etwas kann frustrieren und ermüden. Wahrscheinlich haben wir das alle schon erlebt.

An eine dieser Sitzungen denke ich allerdings oft mit einem breiten Lächeln zurück. Dabei begann sie eigentlich gar nicht lustig. Die Atmosphäre war äußerst angespannt. Wir hatten einige schwierige Entscheidungen zu treffen und saßen schon mehr als zwei Stunden an dem großen, kahlen Tisch zusammen. Die Luft war verbraucht und das Gespräch ins Stocken geraten. Einige von uns saßen regungslos auf ihrem Platz, ohne die Miene zu verziehen. Anderen war die Verärgerung deutlich anzusehen. Eine ältere Frau neben mir flüsterte müde: »So schaffen wir das nie!«

Da stand ein junger Mann auf, blickte betont ernst in die Runde und rief: »Ich stelle mir gerade vor, die Tür würde aufgehen und der Hausmeister käme herein. Der arme Mann würde sich auf der Stelle umdrehen und flüchten – so ernst und gelangweilt, wie wir gerade aussehen!«

Ein paar Sekunden lang herrschte betretenes Schweigen, dann fing jemand an zu lachen. Die

Vorstellung, diese traurige Versammlung zu beobachten, schien für Erheiterung zu sorgen. Mehrere andere konnten sich das Lachen auch nicht verkneifen, und schließlich prusteten auch die Letzten los. Es war, als wären sämtliche Dämme gebrochen. Und das Lachen tat gut.

Jemand witzelte: »Das war gerade ein reinigendes Lachgewitter.« Die angespannte Stimmung war einer wohltuenden Lockerheit gewichen. Die Sitzungsleiterin lachte immer noch und sagte erleichtert: »Jetzt machen wir die Fenster weit auf und gönnen uns eine Pause.«

Danach ging alles erstaunlich schnell. Es war, als hätte jemand den Hebel umgelegt. Es kam zu einer guten Diskussion, an deren Ende die notwendigen Entscheidungen getroffen wurden.

Ich gestehe, ich muss immer noch schmunzeln, wenn ich daran zurückdenke und mich an die Augenblicke erinnere, in denen ich gelacht und geprustet habe, bis ich nicht mehr konnte – selten war ich so glücklich!

68. Zwerg oder Riese?

Seit Jahren wurde er in seiner Heimat nur noch »der Zwerg« genannt. Dabei war er gar nicht besonders klein. Er war auch nicht besonders groß. Es lag wohl daran, dass er sich selbst klein fühlte. Selbstvertrauen war für ihn ein Fremdwort. Er kam sich in Gesellschaft stets vor wie ein Schwacher unter lauter Starken. Er ließ sich schnell einschüchtern.

Überall begegneten ihm Riesen. Sie waren ihm in jeder Beziehung überlegen. Wenn er Riesen entdeckte, zog er sich schleunigst zurück, weil er wusste: »Gegen die habe ich keine Chance!« So wurde er immer einsamer. Oft beweinte er sein Schicksal als Zwerg. Nur manchmal erinnerte er sich an seine eigene Stärke und sagte: »Irgendwann werde ich meinen ganzen Mut zusammennehmen, und dann werde ich ...« Weiter kam er nicht.

Eines Tages besuchte ihn eine wunderschöne Fee. »Du sollst nicht länger ein Zwerg sein!«, versprach sie ihm. »Ich habe etwas für dich.« Ängstlich blickte er sie an.

Sie überreichte ihm ein blaues Kostüm mit einem roten Cape. »Zieh das einmal an!«

Vorsichtig zog er das Kostüm an. Er staunte, es passte wie angegossen. Vorne auf der Brust prangte ein großes »R«. »Was bedeutet das?«, fragte er die Fee.

Sie lächelte geheimnisvoll. »Das bedeutet ›Riese‹. Du wirst in Zukunft kein Zwerg mehr sein, sondern ein Riese.«

Als er das Cape umgelegt hatte, spürte er bereits die Wirkung. Er fühlte sich gar nicht mehr klein und hilflos. Er spürte, dass er Großes bewegen könnte, vielleicht sogar Berge.

Für ihn begann ein völlig neues Leben. Er traute sich Dinge zu, vor denen er bisher Angst hatte. Er trat den anderen selbstbewusst entgegen und sagte ihnen mutig seine Meinung. Er konnte sich plötzlich durchsetzen und hörte auf, sich zu verstecken. Er war glücklich.

Nach einigen Wochen kam die Fee zurück. »Ich sehe, dass es dir gut geht. Dein Kostüm brauche ich jetzt für einen anderen. Deshalb musst du es mir leider zurückgeben!«

Er stand da wie erstarrt. »Aber das geht nicht, dann bin ich ja wieder ein Zwerg!«

Sie lachte laut. »Das liegt doch nicht am Kostüm. Das liegt an dir!«

69. Drei Wünsche

Ich wünsche dir in deinem Leben
nicht immer nur Ruhe und Stille.
Aber ich wünsche dir,
dass du auch im größten Trubel
einen Augenblick Stille findest.

Ich wünsche dir in deinem Leben
nicht immer nur Glück und Freude.
Aber ich wünsche dir,
dass du auch in schweren Zeiten
stets etwas findest,
worüber du dich freuen kannst.

Ich wünsche dir in deinem Leben
nicht immer nur Sonnenschein.
Aber ich wünsche dir,
dass du empor zum Himmel blickst,
wenn es nach langer Regenzeit
endlich wieder heller wird.

70. Der Rosenstock

Alfons besaß einen wunderschönen Blumengarten, den er vor langer Zeit von seinem Vater geerbt hatte. Vom Frühjahr bis zum Herbst blühte es dort an allen Ecken. »Das ist ein wahrer Paradiesgarten«, sagten die Besucher begeistert, »so etwas Schönes haben wir in unserem ganzen Leben noch nicht gesehen.«

Sogar der König hörte von dem Blütentraum und ließ es sich nicht nehmen, höchstpersönlich die Farbenpracht und die verführerischen Düfte zu bewundern und zu genießen. Er war so angetan von dem Garten, dass er es Alfons gestattete, ihn in Zukunft »Königlicher Garten« zu nennen. So wurde der Garten noch bekannter und von den Menschen im ganzen Reich hochgelobt.

In der Mitte des Gartens stand ein herrlicher Rosenstock. Den liebte Alfons ganz besonders. Doch eines Tages entdeckte er daran Blattläuse. Das sah nicht gut aus. Wie konnte das geschehen? Einige Tage später fielen ihm die ersten vertrockneten Blätter auf.

Alfons war entsetzt. Hoffentlich war es noch möglich, die Rose zu retten. Er düngte sie, wässerte sie und wandte all sein Wissen an, das er sich im Laufe der

Jahre angeeignet hatte. Auch setzte er sich in Verbindung mit Spezialisten aus nah und fern. Penibel versuchte er, alle ihre Ratschläge in die Tat umzusetzen.

Vorsichtshalber wurde der Garten für Besucher geschlossen. Alfons wollte sich ganz auf die Pflege der Rose konzentrieren und nicht das Wagnis eingehen, dass Fremde ihr zu nahe kämen.

Die Zeit verging. Fünf Jahre lang kämpfte Alfons jetzt schon um seine Rose. Manchmal hatte er den Eindruck, dass sie sich ein wenig erholt hatte. Dann wieder kniete er niedergeschlagen vor ihr. Seine ganze Zeit und Liebe widmete er seiner schwächelnden Patientin. Gab es noch Hoffnung?

Da kam eines Tages völlig unverhofft der König zu Besuch. Er wollte sich wieder an dem »Königlichen Garten« erfreuen. Alfons empfing ihn mit traurigem Blick. »Hoheit, ich werde Euch gleich zum Rosenstock in der Mitte des Gartens führen.«

Doch der König wollte lieber einen ausgedehnten Rundgang machen. Allein. Nach über einer Stunde erreichte er den Rosenstock in der Mitte, wo Alfons auf ihn wartete. Alfons zeigt auf die Rose. »Hoheit, ich hoffe so sehr, dass ich sie retten kann!«

Der König schüttelte ratlos den Kopf. »Ich verstehe nicht, wie das geschehen konnte.«

Alfons nickte aufgeregt. »Ich verstehe es auch nicht. Dabei habe ich doch alles für die Rose getan.«

Da sah ihn der König traurig an. »Du hast mich falsch verstanden. Ich verstehe nicht, was aus deinem Paradiesgarten geworden ist. Das meiste ist zugewachsen und überwuchert. Es sind kaum noch bunte Blüten in dem Garten zu sehen. Hast du völlig vergessen, was für ein großer Schatz der Garten einmal gewesen ist?«

Alfons blickte betreten zu Boden. »Das habe ich wirklich vergessen. Dafür war leider keine Zeit. Ich konnte immer nur an die Rose in der Mitte des Gartens denken.«

71. Was ist am wichtigsten?

Wir standen während einer Tagung in einer Ecke des Saales zusammen – ein paar Leute, die in der Pause miteinander ins Gespräch kamen. Es ging um die Frage, was uns im Leben besonders wichtig ist. Wir sprachen über Liebe und Glück, über Gesundheit und Humor. Das alles ist wichtig für ein gelingendes Leben, da waren wir uns schnell einig. Dann fragte jemand Kira, die durch ihr offenes, fröhliches Lachen allen sofort aufgefallen war: »Was ist für dich am wichtigsten?«

Kira strahlte, als würde sie sich über diese Frage besonders freuen. Wir anderen machten uns unsere Gedanken, was sie wohl antworten würde und ob sie vielleicht ein besonderes Geheimnis hätte. Vielleicht Humor? Oder Liebe?

Kira sagte nur: »Vertrauen.«

Damit hatte wohl niemand gerechnet. Schnell kam die Rückfrage: »Wieso gerade Vertrauen?«

Kira blickte sich im Kreis um und ließ sich etwas Zeit mit ihrer Antwort. Alle waren still und warteten. Dann lächelte sie. »Ich habe Vertrauen, dass ihr mir zuhört und mich nicht auslacht. Ich habe Vertrauen, dass ich offen meine Meinung sagen kann.«

Alle nickten.

»Sonst könnten wir hier gar nicht zusammen sein. Ohne Vertrauen gäbe es keine Gespräche, keine Feiern und natürlich auch keine Tagungen.« Sie grinste. »Ohne Vertrauen würden wir keinen Laden betreten, kein Kino oder Theater besuchen und nicht einmal das Haus verlassen.« Wieder nickten alle.

Kira war jetzt nicht mehr zu bremsen. »Wenn ich morgen wieder nach Hause fahre, vertraue ich dem Busfahrer, dass er sich an die Verkehrsregeln hält. Ich vertraue meiner Lieblingsfriseuse, dass sie mir die Haare richtig schneidet. Ich vertraue der Lehrerin meiner Kinder …« Sie musste erst einmal tief Luft holen.

Jemand warf ein: »Und was ist, wenn jemand dein Vertrauen missbraucht?«

Ihre Antwort kam sofort: »Ja, das passiert. Manchmal werde ich enttäuscht. Mit Enttäuschungen kann ich leben. Aber ohne Vertrauen wäre das ganze Leben unmöglich.«

Es klingelte. Die Pause war zu Ende. Wir gingen zurück auf unsere Plätze.

Mein Tag war gerettet.

72. Nur für heute

Von Papst Johannes XXIII., der vor allem bei dem »einfachen« Volk äußerst beliebt war und noch heute, lange nach seinem Tod im Jahr 1963, von vielen geliebt und verehrt wird, sind die »Zehn Gebote der Gelassenheit« überliefert. Sie gelten als Vermächtnis dieses so einfachen und bescheidenen Papstes und erfahren immer noch eine große Verbreitung.

Jedes dieser zehn Gebote beginnt mit den Worten: »Nur für heute«. Ich denke mir spontan: Nur ein Tag – das müsste doch zu schaffen sein. Zum Beispiel heißt es im ersten Gebot: »Nur für heute werde ich mich bemühen, den Tag zu erleben, ohne alle Probleme meines Lebens auf einmal lösen zu wollen.« Ich spüre bei diesen Worten sofort, wie ich mich entspanne und zu lächeln beginne. In den anderen Geboten heißt es: »Nur für heute werde ich eine gute Tat vollbringen …«, oder: »Nur für heute werde ich keine Angst haben …«

»Nur für heute«. Vielleicht ist es das, was wir brauchen, wenn sich die Probleme und Sorgen vor unserem inneren Auge stapeln. Viel zu oft wollen wir viel zu viel und legen uns selbst die Last eines langen Zeitraums auf die Schultern. Wir wollen etwas Großes leisten, einen festen Glauben haben, sämtliche unserer

Probleme lösen. Wir machen uns Gedanken über morgen, über das nächste Jahr, über die Zukunft unserer Kinder, über das Auslaufen des Darlehensvertrages in zwölf Jahren oder über die Altersvorsorge. Wir denken an den vierten Schritt und den hundertsten und den letzten. Dabei wissen wir sehr genau, dass jede Sache, jede Aufgabe, jedes Vorhaben mit dem ersten Schritt beginnt – und jeden Tag wieder mit dem nächsten Schritt.

»Nur für heute«, vielleicht können wir uns damit anfreunden. Wie das geschehen kann? Möglicherweise ganz einfach: Nur für heute werden wir unsere Kraft mobilisieren, ohne zugleich die Last der nächsten Tage auf uns zu nehmen. Nur für heute werden wir versuchen, unserer Arbeitskollegin freundlich zu begegnen, ohne uns die Frage zu stellen, ob uns das morgen und übermorgen auch gelingen wird. Nur für heute werden wir uns Zeit für ein gemütliches Frühstück nehmen, ohne den Anspruch zu haben, das immer so zu machen. Nur für heute werden wir mit Zuversicht und Gottvertrauen in den Tag gehen, ohne an mögliche Rückschläge zu denken.

Nur für heute werden wir die Lasten tragen, die nicht zu vermeiden sind. Und vielleicht werden wir überrascht feststellen, dass es sich erstaunlich leicht anfühlt.

73. Unterschiedliche Quellen

Deine Kraft entspringt
unterschiedlichen Quellen.
Du denkst an deine Familie,
an zuverlässige Freunde,
an manche gute Gemeinschaft,
an Zuspruch und Ermutigung.

Vor allem aber entspringt
deine Kraft dir selbst.
Es ist dein Mut,
es ist deine Hoffnung,
es ist deine Überzeugung,
dein fester Glaube an dich selbst
und dein Blick auf das Ziel.

Deine Kraft entspringt
unterschiedlichen Quellen,
und du machst die Erfahrung,
dass es niemals aufhört,
fröhlich zu sprudeln.

74. Kannst du noch vertrauen?

D u bist so schrecklich enttäuscht und betrogen worden«, sagte die Freundin eindringlich zu Verena und schüttelte dabei energisch den Kopf. »Wie kommst du nur damit klar?! Ehrlich gesagt, ich könnte dich gut verstehen, wenn du in Zukunft niemandem mehr vertrauen könntest. Wie kann das Leben, wie kann ein Mensch nur so schrecklich und unbarmherzig sein?«

Verena nickte zustimmend, doch sie lächelte dabei. »So richtig kann ich das alles noch immer nicht fassen. Aber nun ist es passiert. Ich kann es nicht ändern.«

Sie lächelte wieder, als sie die Freundin ansah. »Ich will dir etwas erzählen. In den ersten Tagen danach zuckte mein Herz jedes Mal erschrocken zusammen, wenn ich daran dachte. Es war, als würde es von einem eiskalten, schneidenden Wind getroffen werden. Dann kam es mir für kurze Zeit so vor, als würde ich innerlich erfrieren.«

Die Freundin blickte sie mit großen Augen fragend an. »Jetzt friere ich beinahe auch. Ich staune, dass du heute lächelst – trotz allem!«

Verena strahlte. »Ich habe inzwischen meinen Weg gefunden, damit umzugehen. Immer wenn ich den kalten Wind spüre, denke ich an die guten Erfahrungen, die ich mit so vielen Menschen gemacht habe und immer wieder mache. Ich denke an die Nachbarn, die so selbstverständlich für mich da sind. Ich denke an meine wunderbaren Kinder, die mir beistehen. Ich denke an gute Freunde wie dich. Ich denke an alle, auf deren Versprechen ich mich verlassen kann. Ich denke an Blumen und Briefe, die mir gutgetan haben. Wenn ich daran denke, dann wird mir warm ums Herz, und der kalte Wind ist schnell wieder verschwunden.«

Die Freundin hatte jetzt Tränen in den Augen. »Ich freue mich so für dich. Weißt du, ich hatte schon Angst, du würdest dich völlig zurückziehen.«

Verena nahm die Freundin in den Arm. »Keine Sorge, meine Liebe! Ich ziehe mich nicht zurück. Dafür ist das Leben viel zu schön!«

75. Die Musik von nebenan

Sie wohnten direkt nebeneinander. Die vom großen Hof hatten sechs Kinder, die vom kleinen Hof ebenfalls.

Die Kinder auf dem großen Hof wurden sehr streng erzogen. Sie mussten schon in jungen Jahren hart arbeiten. »Ohne Fleiß kein Preis!«, sagten ihnen die Eltern immer wieder. Zu tun gab es mehr als genug. Für alles andere wie Singen und Spielen und Tanzen war da keine Zeit.

Auch auf dem kleinen Hof mussten die Kinder mithelfen. Doch es blieb genug Zeit, um ausgelassene Feste zu feiern und gemeinsam zu spielen und zu musizieren. Oft wehte fröhliche Musik zum großen Hof hinüber.

»Ihr dürft eure Kinder nicht so verweichlichen!«, sagten die vom großen Hof, wenn sie ihren Nachbarn begegneten. »Lasst sie härter arbeiten, damit euer Hof größer wird und ihr ebenfalls zu Wohlstand kommt, so wie wir.«

Die Kinder wurden groß und erwachsen. Nach und nach gründeten sie eigene Familien und verließen den

elterlichen Hof – den großen und den kleinen. Die Eltern waren inzwischen alt geworden. Sie lebten zurückgezogen auf ihrem Hof – dem großen und dem kleinen.

Auf dem großen Hof war es sehr still geworden. Die Kinder waren alle weit fortgezogen. Sie waren froh, endlich selbst über ihr Leben entscheiden zu können. Nur selten ließ sich jemand von ihnen bei den Eltern blicken. Auf dem kleinen Hof ging es dagegen sehr lebendig zu. Die Kinder kamen gern mit ihren Familien zu Besuch. Regelmäßig feierten sie wie früher wunderbare Feste zusammen. Dann wehte fröhliche Musik hinüber zum großen Hof. Dort öffneten die alten Eltern alle Fenster und lauschten versonnen den süßen Klängen.

76. Hoffentlich scheint die Sonne

Wir hatten uns beide sehr auf die kleine Wanderung gefreut. Nach der intensiven Arbeit am Vormittag würde uns etwas Bewegung guttun. Einmal um den See laufen, tief durchatmen, die Natur und die Sonnenstrahlen genießen.

Wir wollten am frühen Nachmittag losziehen. Doch in der Wettervorhersage wurde für 14 Uhr Regen angekündigt. Ab 16 Uhr, so hieß es, sollte dann wieder die Sonne scheinen. Also verschoben wir unseren Spaziergang um zwei Stunden.

Zu unserer Überraschung blieb der Regen um 14 Uhr aus. Hinterher ist man immer klüger!, dachten wir. Um 16 Uhr dann, bei herrlichem Sonnenschein, marschierten wir endlich los. Die Wolken in der Ferne störten uns nicht. Es war kein Regen zu erwarten, wir verließen uns auf die Vorhersage.

Nach zehn Minuten fielen die ersten Tropfen. Betroffen schauten wir nach oben. »Hoffentlich hört es gleich wieder auf!«, machten wir uns gegenseitig Mut und gingen etwas schneller. Doch nur fünf Minuten später regnete es richtig. Es sah aus, als würde es zu

einem typischen Landregen werden, ein Segen für den ausgetrockneten Boden! Wir waren nicht ausgetrocknet, wurden aber ebenfalls nass. Zuerst die Haare, die Nase und der Hals, dann die Jacke und die Hose. Und wir hatten uns doch so auf die kleine Wanderung gefreut!

Für eine Umkehr war es inzwischen zu spät. Tapfer zogen wir weiter. Nach einiger Zeit lächelten wir uns zu. Wir spürten plötzlich beide die süße, nasse Aufregung, abseits von Couch und Schreibtisch mitten im Leben zu sein.

Als wir wieder zu Hause eintrafen, waren wir pitschnass. Jetzt brauchten wir schnell ein trockenes Handtuch.

Wir waren glücklich!

77. Siebenundsiebzigmal Zuversicht

Die Sieben ist schon eine besondere Zahl. Siebenmal Zuversicht reicht für eine ganze Woche. Siebenundsiebzigmal Zuversicht heißt mehr als sieben Wochen Zuversicht. Vielleicht Zuversicht ohne Ende? Oder immer wieder neu? Wer dieses Buch bei Seite eins begonnen und bis hierhin gelesen hat, konnte jedenfalls eine Menge Freude und Zuversicht tanken.

Wie kommt die Zuversicht in unser Leben? Vielleicht durch unsere persönliche Schatzkiste, die voll ist mit positiven Erinnerungen? Vielleicht durch Menschen, die uns aufheitern und ermutigen? Vielleicht durch Geschichten, die uns guttun und motivieren? Vielleicht durch unseren Glauben oder eine andere innere Kraftquelle? Vielleicht wird sie uns bei einem Spaziergang im Wald oder am Meer geschenkt? Vielleicht regnet sie vom Himmel oder begegnet uns im Traum? Vielleicht kommt sie in einem Brief oder mit einer Umarmung? Vielleicht ist sie schon immer da gewesen?

Lassen Sie uns regelmäßig Zuversicht tanken! Wir brauchen sie – jeden Tag neu.

Über den Autor

Rainer Haak wurde in Hamburg geboren. Nach dem Theologiestudium und einigen Semestern Medizin war er u. a. als Jugendpfarrer für über 80 Gemeinden aktiv. Seit 1990 ist er hauptberuflich als freier Schriftsteller tätig. Die Gesamtauflage seiner Bücher liegt bei über neun Millionen Exemplaren.
www.rainerhaak.de

Auf schöne Weise Danke sagen

Für dieses wunderschön ausgestattete Geschenkbuch
hat Rainer Haak ebenfalls 77 lebensfrohe Geschichten
und Impulse verfasst – zum Thema Dankbarkeit. Wer
dankbar durchs Leben geht, ist glücklicher. Denn eine
veränderte Blickrichtung lässt uns dem Leben und auch
dem, was gerade nicht optimal läuft, auf andere Weise
begegnen. So kann auch an Regentagen in unserem
Herzen die Sonne scheinen.

Rainer Haak

77 mal Dankbarkeit
Weil das Leben kostbar ist

Hardcover mit veredelter Buchdecke
192 Seiten · Zahlreiche s/w-Fotos
ISBN 978-3-96340-016-2
€ [D] 9,99 · € [A] 10,30

gutes leben
bene!

Das Glück im Alltag entdecken

Das Glück ist überall zu finden. Vor allem auch in den
kleinen Dingen und unscheinbaren Momenten. Diese
77 Glücksanstöße sind heitere, bewegende und auch
nachdenkliche Geschichten, Gedichte, Märchen und
Erzählungen, die uns helfen, den Reichtum unseres
Lebens neu zu entdecken. So werden ein Tag im Garten,
das liebe Wort vom Nachbarn oder die Freunde, mit
denen wir beschenkt sind, zu wahren Glücksbringern.

Rainer Haak

77 mal Glück
Für ein gutes Leben

Hardcover mit veredelter Buchdecke
192 Seiten · Zahlreiche s/w-Fotos
ISBN 978-3-96340-115-2
€ [D] 10,– · € [A] 10,30

gutes leben
bene!

Aus Verantwortung für die Umwelt hat sich die Verlagsgruppe Droemer Knaur zu einer nachhaltigen Buchproduktion verpflichtet. Der bewusste Umgang mit unseren Ressourcen, der Schutz unseres Klimas und der Natur gehören zu unseren obersten Unternehmenszielen.

Gemeinsam mit unseren Partnern und Lieferanten setzen wir uns für eine klimaneutrale Buchproduktion ein, die den Erwerb von Klimazertifikaten zur Kompensation des CO_2-Ausstoßes einschließt.

Weitere Informationen finden Sie unter: www.klimaneutralerverlag.de

Besuchen Sie uns im Internet:
www.bene-verlag.de

Fotos: stock.adobe.com: S. 20 bruno raffa/EyeEm / S. 42 ehabeljean / S. 54 fotografiecor / S. 102 hiddencatch / S. 119 drubig-photo / S. 135 PMDesign / S. 143 banusevim / S. 160 kozirsky / S. 168 ileana_bt / S. 172 Olena Bloshchynska / S. 177 bizoo_n / S. 185 encierro / Shutterstock.com: S. 3 und Einzelillustrationen tets / S. 10 PicksArt / S. 30 Sunny studio / S. 35 Rawpixel.com / S. 66 Sunny Forest / S. 75 Oleksandr Rybitskiy / S. 78 Sina Ettmer Photography / S. 88 Zdenek Matyas Photography / S. 95 Soloviova Liudmyla / S. 110 2jenn / S. 126 Sergii Rudiuk / SS. 146 Shaiith / S. 156 Masson / S. 188 Stefan Weigand

MIX
Papier aus verantwortungsvollen Quellen
FSC® C083411

Originalausgabe Februar 2021
© 2021 bene! Verlag
Ein Imprint der Verlagsgruppe
Droemer Knaur GmbH & Co. KG, München
Alle Rechte vorbehalten. Das Werk darf – auch teilweise – nur mit Genehmigung des Verlags wiedergegeben werden.
Lektorat: Nicolas Koch
Cover- und Innengestaltung: Maike Michel
Coverabbildung: Shutterstock / tets
Druck und Bindung: CPI books GmbH, Leck
Printed in Germany
ISBN 978-3-96340-145-9

5   4   3   2   1